TRIUNFA y sé FELIZ

COSAS QUE APRENDÍ GRACIAS A DIOS, A MI MADRE Y A LA VIDA

MYRKA DELLANOS

TRIUNFA y sé FELIZ

COSAS QUE APRENDÍ GRACIAS A DIOS, A MI MADRE Y A LA VIDA

Grijalbo

TRIUNFA Y SÉ FELIZ
Cosas que aprendí gracias a Dios, a mi madre y a la vida

© 2005, Myrka Dellanos

D.R. 2005, Random House Mondadori, S.A. de C.V.
Av. Homero No. 544, Col. Chapultepec Morales,
Del. Miguel Hidalgo, C.P. 11570, México, D.F.

ISBN 0-7394-6495-7

Impreso en **U.S.A** / *Printed in U.S.A*

Índice

Dedicatoria

Con todo mi amor y respeto le dedico este libro
a mi querida madre y a mi preciosa hijita, Alexa,
mis dos tesoros.

Agradecimientos

Ningún libro que valga la pena es resultado del trabajo de una sola persona. De hecho, mi filosofía es que nada en la vida que valga la pena se consigue solo... siempre necesitamos los unos de los otros. Al menos, ésta ha sido mi experiencia personal durante mis años como periodista y ahora como autora.

Ariel Rosales, director editorial de Random House, Mondadori, viajó a Miami desde México para conocerme personalmente y fue después de nuestra charla que decidí que ésta sería la casa editorial de mi primer libro. Desde un principio sentí afinidad con Ariel y sentí que él entendía con exactitud mi visión para esta obra. Aunque aún no tenía nada escrito, él creyó en mí y esto se lo agradezco infinitamente.

También, agradezco de todo corazón que Moisés Martínez, de Random House en Estados Unidos, la casa matriz de la editorial, también creyera en mis habilidades como escritora y, más aún, que me diera toda la libertad para escribir lo que yo deseara en éste, mi primer libro.

A Daniel González y a Gilda Moreno les debo un agradecimiento sumamente especial, ya que, sin conocerme en persona, logramos una mancuerna única para poder colaborar en este proyecto. ¡Con decirles que nos comunicamos por teléfono y vía correo electrónico! Desde un principio, Ariel me dijo que me daría a su mejor editora para que colaborara con mi libro y he encontrado en Gilda a una aliada en mi trabajo. Ella logró conocerme por medio de mis palabras y todos los consejos que me ha ofrecido han sido acordes con mi personalidad y mi visión personal sobre lo que debía ser este proyecto. ¡Gracias, Gilda, por respetar mi integridad como autora y mantenerte fiel a mis palabras escritas!

Muchísimas gracias a Francisco Daza, de mi oficina Latin World Entertainment. Él fue quien concertó las citas con Random House y me recomendó que firmara con ellos. Pero, más importante aun, él fue quien pasó numerosas horas revisando mi texto y organizando los capítulos, ya que yo escribía y escribía, pero no lo tenía todo tan organizado como cuando Francisco terminó de trabajar en él.

Y no puedo dejar fuera a mi mamá, que siempre ha apoyado sin condiciones todos mis proyectos y ha creído en mí, incluso cuando yo no creía en mí misma. Gracias, mami, por traerme jugo de naranja, acabadito de exprimir, mientras escribía en mi computadora, sin quererme levantar ¡durante quince horas seguidas!

Tampoco podía faltar mi preciosa hijita Alexa, que cada día me inspira a ser una buena madre y un mejor ser humano. ¡Te quiero mucho, mi angelito!

Espero que todos ustedes estén tan orgullosos de mí como yo lo estoy de haber podido trabajar con ustedes.

Introducción

Para mí, la escritura siempre ha sido la forma favorita de expresar mis sentimientos. Cuando era pequeña, me gustaba escribir poemas cortos e historias fantásticas. Luego, cuando decidí incursionar en el periodismo, desarrollé mi amor por contar una historia con la ayuda de las imágenes. Me parece mentira, pero esto lo he hecho durante los últimos diecinueve años, ya que comencé a trabajar en la radio en 1986, antes de cumplir la mayoría de edad, que en Estados Unidos se alcanza a los veintiún años.

Me siento honrada y sumamente bendecida por Dios que me concedió entrar en los hogares de más de veinticinco millones de personas, cada día, a lo largo de una década. Tal vez, tú, querido lector, lectora, eres precisamente uno de esos televidentes, así que agradezco tu sintonía por tantos años y por interesarte en leer este libro. Y todo esto es posible gracias al programa de Univisión *Primer Impacto*, del cual fui presentadora desde principios de 1994 hasta el mes de diciembre de 2003. Siempre he dicho que *Primer Impacto* fue como un bebé para mí, ya que mi hija Alexa Carolina nació el 30 de diciembre de 1993, o sea, que Alexa y *Primer Impacto* ¡tienen la misma edad!

Mi decisión de dejar *Primer Impacto* no se debió a que ya no disfrutara el programa, sino a que soñaba en participar en un proyecto de otro tipo, en el cual pudiera hacer entrevistas más largas y producir programas de interés internacional con más creatividad. Esto resultaba imposible mientras condujera un programa en vivo y en directo, de lunes a viernes, y grabara otro, el de videos extremos, *Ver para Creer*. Estaba *al aire* seis horas a la semana, más que cualquier otra figura de la televisión en español en ese momento, y, por consiguiente, no contaba con el tiempo necesario para sentarme a escribir un programa o salir a lograr las mejores entrevistas en otras partes del país y del mundo si así tuviese que ser. Cuando estás al frente de un programa tan importante y tan popular como *Primer Impacto* no puedes estar *fuera del aire* más de dos semanas seguidas.

Entonces, a finales de 2003, reestructuré mi contrato para poder grabar programas especiales con mi cadena, Univisión, y materializar mi otro sueño: realizar reportajes más creativos y con más tiempo. La decisión no fue fácil, ya que mi imagen había estado ligada a la de *Primer Impacto* en el transcurso de una década y el programa era muy exitoso. Por supuesto, sentí que debía ser cautelosa y pensar las cosas con cuidado. Puse mi decisión en las manos de Dios y le dije: "Señor, si pudiera hacer programas especiales sería muy feliz, pero Tú sabes mejor que yo lo que es bueno para mí, así que haz Tu voluntad, no la mía". Comparto esto contigo porque debes saber que mi fe en Dios es el motivador número uno en mi vida, seguido de cerca por mi familia y seres queridos. En todo momento le he pedido a Dios que guíe mis pasos porque, hablando con honestidad, después de muchos tropezones, estoy consciente de que Él es el único que puede guiarme a emprender lo que es beneficioso para mi vida.

Gracias a Dios, en 2005 estrené mi programa *En Exclusiva con Myrka Dellanos*, para el cual se organizó una presentación de gala en Nueva York. Ahí, los ejecutivos de Univisión, las agencias de publicidad y también de las principales empresas en todo el país conocieron con detalle mi nuevo esfuerzo periodístico.

Este programa me ha permitido también gozar de un poco más de tiempo *fuera del aire* para poder trabajar en otros proyectos, como este libro. A lo largo de los años me habían propuesto varias veces escribir uno, pero no fue sino hasta ahora que sentí que éste era el momento apropiado y preciso para hacerlo. Después me encantaría publicar más libros; incluso ya tengo una linda idea para unas historias con la colaboración de mi hija, Alexa, quien, por cierto, es buenísima escritora. Con tu apoyo y, por supuesto, si Dios me lo permite, así lo haré.

Éste, mi primer libro, es como una plática contigo, querida lectora, lector. Ya que yo no suelo dar muchas entrevistas en las que charle de anécdotas y opiniones personales, en este libro te hablo directamente a ti; espero que los conceptos y consejitos que me han ayudado a mí en mi vida personal y profesional sean de utilidad para ti.

En la primera parte del libro comienzo por explicar cómo mi madre moldeó mi vida y lo mucho que aprendí de ella. Hablo de mi primer trabajo en la radio y de cómo pasé de este medio maravilloso a la televisión. Incluyo varios incidentes cómicos y hago un breve recuento de ciertos reportajes que me hicieron crecer como periodista y mucho más como ser humano. Asimismo, presento anécdotas de algunas personas famosas que he entrevistado y lo que más recuerdo de ellas.

En la segunda parte del libro ofrezco nueve consejos que me han dado a lo largo de mi trayectoria y que deseo plasmar por escrito, con el anhelo sincero de que sean beneficiosos para ti y para muchas otras personas. Son nueve "cositas" que estoy segura de que, al ponerlas en práctica en tu vida, te ayudarán a triunfar y a ser más feliz:

- Haz lo que te apasiona.
- Vive con fe y positivismo.
- El pasado, ¡pasado es!
- Bendice a tus enemigos.
- Vive como si estuvieras a punto de morir.
- Pon tus prioridades en orden.
- Ofrece lo mejor de ti.
- Ofrece todo tu amor.
- Escoge ser feliz.

¿Te has preparado ya para comenzar a ser más feliz y triunfar? Sólo espero que este libro sea una gran bendición para ti, al igual que para mí lo ha sido escribirlo, contigo en mente.

Parte 1

Algunas cositas que aprendí gracias a mi madre

1. Mis inicios

—La vida se va en un abrir y cerrar de ojos —siempre me decía mi madre.

Es uno de esos refranes tan populares que cuando alguien lo repite, casi no se le presta atención. Pero si somos afortunados y logramos que perdure en nuestro subconsciente, tal vez más adelante llegue a formar parte de nuestro presente, se convierta en algo que en realidad creemos y actuemos de acuerdo con ello. Si nos sentáramos a reflexionar sobre lo que en sí significa un "abrir y cerrar de ojos" —o "un suspiro", como dicen otros—, sin duda llegaríamos a la conclusión de que así de rápido pasan los días, los años y, por ende, la vida. Y si en efecto nos percátaramos de esta realidad, ¿no creen que actuaríamos de manera un tanto diferente?

Te cuento que cuando era niña mi mamá me hablaba mucho sobre filosofías de la vida y otros aspectos que quería que conociera. Me daba consejos para triunfar y para vivir una vida mejor, que es lo que todo padre desea para sus hijos. La mayoría de las veces yo me quedaba callada; si bien en algunas oportunidades le prestaba atención, en muchas otras pensaba en otros temas no relacionados con su conversación y me preguntaba cuándo terminaría "la lección del día".

Ya en la adolescencia, en muchas ocasiones, con arrogancia me atrevía a mirar hacia arriba —como estoy segura de que lo habrás hecho tú alguna vez— al pensar que malgastaba mi preciado tiempo escuchando tonterías. Sin embargo, esas "tonterías" llegaron, sin que apenas me diera cuenta, a formar parte de mí, a moldear a la mujer que hoy soy.

Y agradezco a Dios porque de pronto, en la situación o el lugar menos pensados, recuerdo algo que mi madre me decía y sigo sus consejos, lo cual me ha ayudado sobremanera en muchos momentos difíciles.

Ahora sé de memoria una buena cantidad de los pensamientos que mi madre expresaba; de hecho, me los he repetido una y otra vez. Por ejemplo:

—Si llegas a un lugar donde debas elegir entre dos caminos, siempre escoge el más angosto o el que resulte más difícil, porque ése te conducirá a las cosas valiosas; nada de lo que vale la pena en la vida se obtiene con facilidad o de la noche a la mañana.

Uno de esos momentos en los que tuve que tomar una decisión importante se presentó cuando, a los veinte años de edad y recién graduada en periodismo por la Universidad de Miami, me ofrecieron el puesto de "productora" en una estación de radio. ¿Cuál era el dilema?, han de preguntarse. Bueno, a los veinte años y con novio, como era obvio, quería comenzar a "disfrutar" la vida, sobre todo porque ya no necesitaría estudiar tanto como cuando estaba en la escuela, podría ganar dinero y ¡entrar al mundo de los adultos! (¡cómo da vueltas la vida! Hoy he llegado a desear escapar de ese mundo al que en ese entonces moría de ganas por entrar.) Pero este empleo en la radio exigía que laborara desde las cuatro de la mañana hasta las doce del día siguiente, incluyendo sábados y domingos. Yo no tenía automóvil, la estación quedaba muy lejos de mi casa y, además, me pagarían poco: doce mil dólares anuales.

Claro, lo del dinero era lo de menos para mí. Con esa cantidad me sentía como niña rica, ya que lo que ganaba mientras cursaba mis estudios universitarios servía directamente para pagar mis libros y mis gastos de estudiante. Recuerdo que mi mamá me daba tres dólares al día para almorzar en la cafetería de la universidad y, cuando esto no era posible, me preparaba mi almuerzo. Ah, pero, como es de esperarse, yo prefería los tres dólares para poder ir a la cafetería y sentir que comía en un restaurante.

Bueno, de vuelta al dilema de ese momento, el lado positivo de la oferta era que por lo menos en el empleo en la estación de radio me dedicaría a algo que amaba: el periodismo. Aunque el cargo tenía el título de "productora", por lo menos me desenvolvería en actividades relacionadas con mi profesión, en una estación de noticias que transmitía las veinticuatro horas del día.

Sin duda, ahí podría estar cerca de otros periodistas, compartir con ellos, aprender de ellos y prepararme para lo que quería hacer en el futuro: ser presentadora de noticias para un noticiero nacional.

Decidí hablar del asunto con mi mamá y su opinión fue:

—Si esto es lo que quieres hacer, deberás sacrificarte. Si tomas la decisión y me necesitas, olvídate de lo demás; yo te ayudaré.

Y así fue. Acepté la posición de productora de WINZ-News Radio, una estación de la cadena radial nacional CBS. Mi mamá me despertaba a las dos de la mañana para que me preparara y me vistiera. Después me llevaba a la estación para comenzar a las cuatro de la mañana.

En ese tiempo no valoraba que el sacrificio de ella era mucho mayor que el mío; estaba tan concentrada en "mis cosas" que no me daba cuenta… Mi madre nunca se quejó, pero su horario era terrible: día tras día me llevaba al trabajo, regresaba a casa y se alistaba para ir a su propio empleo como directora de una escuela infantil, en la que comenzaba sus labores a las siete de la mañana. En su hora del almuerzo, en vez de comer, me recogía en la estación de radio y me dejaba en casa para que descansara. Ella regresaba a su trabajo donde, muy a menudo, no terminaba sino hasta las siete de la noche. Luego llegaba a casa a preparar la cena, a dormir y a comenzar la jornada de nuevo.

Esto trae a mi mente otro refrán que solía mencionar: "El amor es sacrificio". Desde luego, no hablaba en el contexto de que tan maravilloso sentimiento sea todo sufrimiento; quería decir —y con sus actos me lo demostró— que si alguien te quiere, está dispuesto a sacrificar ciertas cosas o ciertas comodidades para ayudarte y hacer tu vida mejor. Si reflexionamos al respecto, con seguridad llegaríamos a la misma conclusión. Y es que cuando sientes amor verdadero, ese sacrificio casi no llega a ser tal porque tu mayor anhelo es darle a la persona amada todo lo que desea. De modo que quien no está dispuesto a sacrificarse por ti, no te ama de verdad.

En WINZ-News, que me abrió las puertas al ámbito de mis sueños, hacía lo que en inglés llaman *beat-checks*: me comunicaba con las estaciones de policía y de bomberos locales para ver si habían ocurrido delitos, accidentes o incendios e incluirlos en el noticiero de cada hora —el sur de la Florida parece ser un lugar donde siempre sucede algo, en lo que a noticias se refiere—. Ahí me capacitaron para grabar las entrevistas, editar la cinta escogiendo lo que pensaba que era lo más significativo y escribir la nota... lo cual siempre fue mi parte preferida.

Yo me sentía feliz porque podía ejercer la profesión que tanto amaba y afortunada por haber obtenido un empleo en una estación de noticias justo antes de graduarme. Según mi consejero universitario, lo más probable era que necesitáramos mudarnos a una ciudad más pequeña porque Miami es un mercado muy grande y competitivo en lo que a noticias y estaciones de televisión se refiere, y las estaciones grandes no suelen contratar recién graduados.

Por tanto, muchos estudiantes optan por ir a vivir a la ciudad que sea, con tal de trabajar en una estación de radio o televisión. En la universidad nos enseñaron que uno de los aspectos más importantes del periodismo es la experiencia "en la calle", como se denomina a la tarea de efectuar reportajes diarios y cubrir las noticias del día. Sólo con esa experiencia logras elaborar mejores reportajes, redactar con mayor rapidez y salir frente a la cámara informando en vivo sobre una noticia de último minuto.

Como siempre he sido muy observadora, mientras trabajaba en la mencionada estación, aprendí mucho de los periodistas y presentadores con más años de experiencia. De hecho, se trataba de un grupo bastante joven —aunque yo era la única recién graduada— y aquellos con más experiencia eran los presentadores de noticias, que permanecían encerrados en sus cabinas, leyendo las noticias del día y pasando entrevistas y reportajes de los reporteros que trabajaban "en la calle".

Desde el primer día le comuniqué a mi productor ejecutivo que yo anhelaba estar *al aire,* esto es, aspiraba no sólo a escribir los reportajes y notas para los presentadores, sino a grabar mis textos en casete para que mi voz saliera *en el aire* durante el noticiero. Ése era mi máximo sueño en ese momento, que llegara el día en que un reportaje escrito, editado y grabado por mí se escuchara en las noticias a través de la red radial nacional CBS. Al plantearle el asunto al director de noticias, éste me aconsejó que siguiera escribiendo para los presentadores y editando mis entrevistas; que cuando él pensara que estaba lista, me pediría que grabara un reportaje de prueba y entonces tomaría una decisión al respecto. Me pareció muy bien, por lo que, desde ese día, me propuse tener paciencia, inyectarle tesón a mis tareas y destacar por la calidad de lo que escribía; además, puesto que me interesaba recibir retroalimentación, cuando los presentadores salían de su cabina, les preguntaba si estaban satisfechos con el contenido que les suministraba y les solicitaba sugerencias para mejorar mi trabajo.

Entablé buena amistad con Frank Mottek, uno de los jóvenes presentadores de la mañana. Lo recuerdo bien porque tenía una tremenda voz, grave y perfecta para la radio. Frank siempre me trató muy bien, con mucho respeto y parecía disfrutar al ayudarme y ofrecerme consejos profesionales. Como ya mencioné, yo tenía apenas veinte años de edad y pensaba que él era "mucho mayor" que yo pues mostraba una enorme seguridad en sí mismo, hacía muy buenos reportajes y siempre era el elegido para cubrir las noticias más importantes.

Algo que nunca olvidaré es que fui a trabajar el día que cumplí veintiún años. En Estados Unidos se trata de una fecha muy significativa, ya que representa la mayoría de edad; a partir de entonces se te considera un adulto, puedes tomar bebidas alcohólicas y ejercer el derecho a voto. Ese veintisiete de mayo llegué, como lo hacía a diario, a las tres cuaranta y cinco de la mañana, un tanto desilusionada porque pasaría el día trabajando y no festejando con mis amistades. ¡Ah!, pero Frank se acordaba de la relevancia de ese cumpleaños para mí —él tenía veinticuatro años, así que poco tiempo atrás había celebrado lo mismo— y me sorprendió con un precioso pastel. Él y todos mis compañeros —"los desvelados", como nos autonombrábamos— me cantaron "Feliz Cumpleaños". Ésa fue la primera vez en mi vida profesional que sentí un gran sentimiento de compañerismo en un grupo de trabajo; todos ansiábamos lo mismo: narrar las grandes historias de nuestra ciudad y tal vez algún día cubrir noticias de magnitud nacional e internacional.

Ése es el privilegio de nosotros, los periodistas: poder estar en lugares en los que nadie más puede encontrarse en momentos históricos y compartir lo que hemos visto de forma imparcial con nuestro público. Desde que comencé a estudiar periodismo, eso era lo que más me atraía. Como profesional de los medios, podía atravesar las barreras policiacas y entrevistar a los protagonistas de las noticias del día para, más adelante, tener el honor de contar esa historia con mis propias palabras, poner énfasis en lo que yo considerara más importante y redactar la nota de tal forma que todo el público pudiera comprenderla.

Si a esto se le añade que en la radio y la televisión un reportaje de noticias local no debe durar más de un minuto y treinta segundos, ¡¿se imaginan?!, hablamos de un gran reto para alguien a quien le encanta escribir y narrar vivencias. Yo era de las que siempre se pasaba del tiempo pautado para un reportaje y debía volver a editar para "recortarlo" al tiempo adecuado. Usualmente un reportaje en la radio puede durar de cuarenta y cinco segundos a un minuto; todo depende de si incluye una entrevista o no. Si es un reportaje de algo sumamente importante para la comunidad, puede durar hasta dos minutos.

Por supuesto, esto debe hacerse sin dejar fuera los elementos principales. Según nos enseñaron en la universidad, todo reportaje debe contener las cinco *W*, por las iniciales en inglés de *who* (quién), *what* (qué), *when* (cuándo), *where* (dónde) y *how* (aquí la W va al final de la palabra y el significado es cómo).

Para que tu nota sea correcta, siempre debes contestar esas cinco preguntas; además, es fundamental asegurarse de ofrecer ambos lados de la historia, o la otra cara de la moneda, y ser —como ya mencioné— por completo imparcial en lo que reportas.

En la clase de Ética en el Periodismo —créanlo o no, existe—, recuerdo que yo era quien siempre le llevaba la contraria al profesor o jugaba a lo que en inglés llaman el *devil's advocate*, o sea, el abogado del diablo. Me divertía plantear ciertas preguntas para ver qué me contestaba y, de esta manera, muchas veces se abrían temas muy interesantes de discusión entre él y nosotros.

Esta característica no la adquirí en la universidad. Desde pequeña, siempre quería saber la otra versión de la historia o tomar la posición del "acusado" para ver de qué manera y con qué argumentos lo defenderían. Una mañana, camino a la escuela en el automóvil, un conductor se le atravesó a mi madre por delante y ella comentó:

—Ése va pensando en los pajaritos de colores y no está prestando atención al volante.

Y ¿saben lo que yo le dije?

—Mami, es que tal vez ese señor sufre hoy un gran problema y mientras conduce, tiene que pensar en cómo resolverlo.

Mi mamá me respondió:

—Ay, Mirky, tú siempre quieres ir a la contraria.

Honestamente, no sé por qué, pero es innato en mí querer indagar cuál es el "otro lado" de las cosas. Aunque muchas veces estoy consciente de que lo que imagino no es racional, me encanta buscarle respuestas alternas a las situaciones. En mi época de estudiante, tal vez esta característica era la que me ayudaba a aprender mejor.

En una de mis clases de periodismo, después de una larga discusión en la que planteé todas las posibilidades alternas habidas y por haber, el profesor acabó por contestarme:

—Está bien, Myrka, ganaste. Es cierto, puede haber *una* posibilidad de que lo que digas es cierto.

En ese momento quedé feliz y satisfecha. Por esa costumbre mía de cuestionarlo todo y porque me encantaba "discutir" esos temas —en muy buena onda, por cierto—, todos mis compañeros en esa clase opinaban que debía ingresar a la Escuela de Leyes. Al finalizar el curso, el profesor me dio una "A", es decir, la calificación más alta, y me confió que extrañaría nuestras discusiones en clase. Mantuvimos la amistad y en los años siguientes de la carrera se detenía en los pasillos para preguntarme sobre mis otras materias.

Ahora, les confieso que ese tipo de discusiones sólo las sostengo cuando estoy en confianza y con gente con la que me siento cómoda. No me agradan los pleitos ni nada por el estilo; por el contrario, soy muy pacífica y odio los enfrentamientos sin razón. Pero algo que disfruto mucho es analizar, junto con personas a quienes estimo y respeto, ciertos aspectos importantes, como la política de un país, la religión o las filosofías personales, temas por lo regular prohibidos en grupos grandes, pero que en confianza son muy interesantes y nos ayudan a conocer más a fondo a nuestros seres queridos. (Te recomiendo adoptar esta práctica, compartir las creencias con las personas cercanas; verás que resulta muy nutritiva.)

Tampoco me creas impertinente. En absoluto. De hecho, mis allegados saben que soy en extremo tímida y callada cuando estoy en grupos grandes o no conozco bien a alguien. Suelo ser la más silenciosa y siempre me he sentido mejor en grupos pequeños, en los que puedo sentarme a charlar con alguien de tú a tú, que en fiestas y eventos de gran magnitud donde por lo general me siento como una hormiguita en una esquina.

Me suena un tanto cómico lo que recién escribí, pero así es. Nunca me han gustado los grupos grandes, me parece que me pierdo un poco en ellos; muchas veces incluso me he sentido casi invisible en tales situaciones. Yo florezco en la relación individual con otra persona porque creo que así es como en realidad se conoce la esencia de un ser humano. En esos eventos, algunos por completo superficiales, no puedes siquiera saludar a todo el mundo porque hay demasiada gente. Por supuesto, en mi caso, me veo obligada a asistir para cumplir ciertos compromisos, pero nunca me he sentido muy a gusto en esas circunstancias… no es lo mío.

Años atrás, yo observaba —como mencioné, me gusta observarlo todo— a la gente en esos grandes grupos y acontecimientos y pensaba en todo tipo de cosas. Casi creaba una telenovela sobre cada persona o pareja: "¿Estarán casados?… ¿o enamorados? ¿Qué profesión ejercerán? ¿Qué les gustará hacer cuando no trabajan? ¿Tendrán hijos?". Sin conocer a los personajes, imaginaba todo un cuento. En cuanto a mi timidez, me complace decirte que es algo que he superado con los años.

Superar la timidez no es fácil y no significa que no la sienta todavía, pero lo que uno supera es la acción. O sea, hoy día puedo entrar en una gran fiesta, saludar a todos a mi alrededor y entablar una conversación con ellos, aunque ése no sea mi deseo. Pero tenemos que ser cordiales y, por consiguiente, hay ciertas cosas que debemos hacer por educación, ¿no crees?

¿Y cómo lo superé? Pues recuerdo que mi madre, sabiendo que yo era tímida, procuraba que saludara a todas las personas al llegar a un lugar. Me lo recordaba antes de entrar y me preparaba diciéndome que sería de mala educación no saludar a cada asistente. También, insistía en que debía mirar a los ojos a la gente cuando hablara con ella personalmente. Esto me ayudó muchísimo porque es en sí una disciplina y, como cualquier otra, si la practicas se convierte en parte de ti. Luego, también participé en recitales de piano y certámenes de belleza, los cuales me ayudaron a desempeñarme con fluidez en público. Y, por último, tomé clases de *public speaking* en la secundaria y la universidad, donde aprendí a mirar al público, sin sentir timidez ni miedo. Creo que debido a esto logré ser periodista televisiva. Hoy día, no sé cómo, pero disfruto mucho hablando en público, desde luego si se trata de un tema que me agrada.

He visitado numerosas escuelas y universidades para dar charlas a los estudiantes sobre periodismo, sobre el orgullo de ser hispano en Estados Unidos y sobre la importancia de la educación.

Antes del periodismo tuve otra gran pasión: el piano. Es probable que, después de conocer esta historia, se pregunten qué opinó mi madre cuando le informé que deseaba trabajar en la televisión y no ser concertista de piano como antes pensaba. Bueno, pues me comentó:

—Mi hijita, ¿estás segura de que quieres aparecer en televisión frente a millones de personas? Con tu personalidad tan tímida... ¿estás convencida de que esto te hará feliz?

Y yo le respondí:

—Sí, mami, eso es lo que quiero hacer: reportar y dar las noticias por televisión.

Respondí con tanta seguridad que ella intuyó que ya había tomado la decisión y replicó:

—Entonces, Mirky... ¡sé la mejor!

Creo que la determinación que siempre me ha acompañado se ha debido en parte al deseo de vencer algún temor... y es que cuando me doy a la tarea de hacer algo, pongo todo mi esfuerzo. Doy lo mejor de mí y no miro hacia atrás. Así lo hice en lo que a mi carrera se refiere. Aunque parezca contradictorio que una persona tímida incursione en este tipo de profesión, sí es lógico: cuando entrevistas a alguien o cubres una noticia importante, estás a solas, en tu papel de periodista, enfrentándote al evento histórico, al personaje o al entrevistado. Por consiguiente, la interacción es más de tú a tú y no en grandes grupos, que es lo que no me gusta.

Asimismo, cuando te sientas ante una cámara, en realidad no percibes los millones de ojos que están sobre ti en ese momento. Otra ironía de la vida y que no parece tener sentido es que nunca me gustó ser el foco principal de una reunión o de una fiesta. Por ejemplo, nunca fui muy amiga de que organizaran fiestas de cumpleaños en mi honor. De hecho, cuando cumplí los anhelados quince años, mi mamá me preguntó si quería celebrar con la acostumbrada fiesta de quinceañera o si prefería un viaje. Sin titubear repliqué que esto último, ya que siempre me ha encantado viajar y ver personas y cosas diferentes de las que se encuentran en mi entorno habitual.

El viaje sería con dos amigas y con mi madre. La idea me pareció ideal porque tampoco quería vestirme de quinceañera con el tradicional vestido blanco. Me tomaron las fotografías tradicionales de la edad con un vestido de cóctel muy lindo que yo escogí y que nada tenía que ver con el de una quinceañera. Siempre le he agradecido a mi mamá que nunca intentara hacerme cambiar de idea en este tipo de cosas. Ella me ha dado consejos y ha permitido que mis ideas personales florezcan. Me dijo que lucía preciosa con el vestido color violeta y las fotografías se tomaron en el bello y famoso Castillo de Vizcaya, en Miami, que en la actualidad es un sitio popular para celebrar bodas y otras fiestas.

En definitiva, hay ciertos aspectos de nuestra personalidad que pueden resultar inexplicables y nos hacen únicos como seres humanos. Aún hoy me es difícil comprender cómo disfruto al presentarme frente a miles de estudiantes y hablarles sobre mis vivencias o sobre el periodismo y no morir de un ataque de nervios. Todo lo contrario, lo veo como una oportunidad única para causar un impacto en su vida, para motivarlos a estudiar o para animarlos a que no dejen de perfeccionar el castellano si son bilingües y viven en Estados Unidos. O, simplemente, puede ser la oportunidad perfecta para transmitirles que, aunque quizá vivan momentos difíciles, éstos pasarán y llegarán días mejores y felices.

Tales aspectos paradójicos en los seres humanos son los que hacen de esta vida una aventura sin igual. Por supuesto, siempre habrá cosas que no podemos explicarnos, pero hay que seguir adelante y hacer todo lo que nos proponemos "de corazón y con amor". Quizá mis palabras te parezcan cursilerías, pero a mí me encanta el romanticismo y he escrito este libro para que me conozcas un poco mejor fuera de las cámaras. No soy experta en estos temas de la vida ni pretendo serlo. Tan sólo comento y comparto algunas de mis vivencias. Esto me lleva a otra inolvidable lección de mi madre, la de que "el sabio sabe que no sabe".

Cuando era adolescente, creía que siempre tenía la razón y que las cosas que pensaban o sugerían casi todos los adultos eran inverosímiles o equivocadas. Ahora sé que ésa es sólo una faceta de la vida y que, a medida que la abandonas, te percatas de que "más sabe el diablo por viejo que por diablo". Sí, es de sabios aprender de los demás, en especial de tus mayores.

Al no ser experta en temas de psicología y como no estudié esa materia, en este libro te ofrezco consejos con espíritu humilde, sin pretender saberlo todo ni tener la última palabra. Más bien, aquí te contaré vivencias personales, en busca de transmitirte algo positivo con la lectura y de que puedas aplicar lo que he aprendido, a veces con gran dolor. Sobre todo, confío en que puedas llegar a sentir más esperanza de que los caminos "rectos" sí te llevarán al éxito personal y profesional.

Estoy segura de que, al igual que yo, te has enfrentado a momentos en los que estás a punto de darte por vencido porque, al mirar a tu alrededor, ves que hay personas que destacan que mienten, hacen trampa o sienten envidia. La vida parece sonreírles, ignorando que en realidad actúan con maldad. Pero eso no es permanente. Así que olvídate de esa gente, déjala a un lado y continúa concentrado en lo tuyo, en tus metas personales. A fin de cuentas, quienes actúan de mala fe reciben su merecido: acaban por envenenarse a sí mismos, no viven en paz, arruinan sus relaciones más importantes y terminan mal.

Mira lo que dice este escrito de la Biblia. Un día, cuando una amiga me escuchó hablar de cuán frustrante es ver a gente con malos sentimientos alcanzar el éxito, me dijo que leyera el Salmo 37. Dios promete que los que actúan de mala fe tendrán su recompensa y que, por tanto, nuestra meta debe ser olvidarnos de ellos y seguir adelante en el camino correcto. Dice así:

No te enojes por causa de los malvados,
Ni sientas envidia de los malhechores,
Pues pronto se secan, como el heno,
¡Se marchitan como la hierba!

Confía en el Señor y haz lo bueno,
Vive en la tierra y mantente fiel,
Ama al Señor con ternura,
Y Él cumplirá tus deseos más profundos.

Pon tu vida en las manos del Señor,
Confía en Él, y Él vendrá en tu ayuda.
Hará brillar tu rectitud y tu justicia
Como brilla el sol de mediodía.

Guarda silencio ante el Señor;
Espera con paciencia a que Él te ayude.
No te irrites por el que triunfa en la vida,
Por el que hace planes malvados.
Deja el enojo, abandona el furor;
No te enojes, porque eso empeora las cosas.
Pues los malvados serán arrojados del país,
Pero los que confían en el Señor
tomarán posesión de Él.

Dentro de poco, no habrá malvados;
Por más que los busques no volverás a encontrarlos.
Pero los humildes heredarán la tierra y
Disfrutarán de completa paz.
El malvado trama hacer daño al hombre bueno,
Y le lanza miradas cargadas de odio.
Pero el Señor se ríe, porque sabe que al malvado se le
Acerca su hora.

Los malvados sacan la espada y tensan el arco
Para hacer caer a los pobres y humildes,
¡Para matar a los de buena conducta!
Pero su propia espada se les clavará en el corazón,
Y sus arcos quedarán hechos pedazos.

Salmo 37: 1–15, Santa Biblia, Versión popular

Créeme, siempre hay que tener fe; la verdad acaba por salir a la luz. Tal vez se demore un poco, pero las cosas llegan en el momento adecuado, en especial si nos esforzamos de manera ardua y con amor por ellas. Por favor, lucha por las cosas que realmente valen en este mundo, por las cosas buenas, y fíjate como meta alcanzar la excelencia.

En la radio, por fin llegué a sentirme preparada para escribir un reportaje completo y grabarlo con mi voz, cosa que hice en mi tiempo libre. Además, yo misma realicé y edité las entrevistas para después presentarle la nota completa a mi jefe, como él me lo pidió. En efecto, le dejé el casete al productor ejecutivo de noticias, quien me dijo que lo escucharía cuando pudiera y me informaría qué le parecía. Yo estaba muy emocionada pues pensaba que pronto estaría mi voz en la radio... Sería mi primera meta profesional cumplida. Bueno, la segunda, después de haber obtenido un empleo dentro de mi ámbito profesional.

Cuando llegué a la estación la madrugada siguiente, saludé a mi jefe, a la espera de que ese día me diera su opinión sobre mi reportaje. Me acercaba a su oficina con deseos de preguntarle qué pensaba sobre mi reportaje, pero una y otra vez regresé a mi cabina a realizar y editar entrevistas. Pensé que sería mejor que me viera trabajando sin parar que "mariposeando" cerca de su oficina. De modo que me puse a trabajar; quizás él me llamaría o vendría a hablarme cuando dispusiera de un momento libre.

Y es que todas las salas de redacción parecen el ojo de un huracán: el continuo repiquetear del teléfono; llamadas constantes de los reporteros que, desde "la calle", comunican noticias de último minuto; y el sonido de los televisores y otras estaciones de radio, pues siempre se monitorean las noticias de todos lados. En una cadena en la que se reportan sucesos noticiosos las veinticuatro horas del día no se puede perder el tiempo.

Ese día me marché a casa un tanto decepcionada por no haber obtenido respuesta de mi jefe, aunque dispuesta a preguntarle sobre mi reportaje la mañana siguiente. Pero, cuando llegué, ¡todo era un caos! Había un incendio de cuatro alarmas en un edificio y varias personas atrapadas en su interior. Los incendios son catalogados debido a su intensidad y, cuanto más alarmas, más graves son. Los de mayor gravedad son los de cinco alarmas, por lo que, ya se imaginarán el trajín... Por consiguiente, mi prudencia me hizo ver que ése no era el momento de hablar; tenía que apresurarme a hacer llamadas, entrevistar a muchos involucrados y escribir libretos para el día.

Proseguí con mi trabajo y, una vez que gocé de unos minutos de sosiego, mientras comía un emparedado en mi cabina y escuchaba otras noticias, saqué a relucir mi sentido práctico y planifiqué cómo abordaría el tema de mi reportaje con el productor ejecutivo. La situación sería bastante difícil porque en la programación de ese tipo siempre hay noticias de último minuto y nunca es el momento adecuado. De modo que decidí esperar hasta que terminara su turno (aunque eso era varias horas después del fin del mío) y, ya fuera de las prisas de la sala de redacción, abordar el tan ansiado tema de mi reportaje y su opinión sobre el mismo.

Les confieso que ésta fue una gran prueba para mí; el simple hecho de ir a hablar con el jefe y preguntarle qué pensaba sobre mi reportaje me ponía nerviosa. No quería molestarlo y mucho menos que pensara que yo era una niña que pretendía conseguir todo rápido. Y es que ya todos mis colegas me llamaban "la niña" porque era la más jovencita del grupo. Como apenas me había graduado el año anterior, ya estaba acostumbrada a ser siempre la más joven, cosa que se acentuaba con mi forma de cara, que es redonda. Aunque en etapas posteriores de la vida esto último se califica como una ventaja, en esos momentos a mí me dificultaba las cosas; nunca faltaba quien dijera: "No sabes lo que haces" o: "Eres demasiado joven para comprender esto". De igual manera, cuando invertía mi mejor esfuerzo en conseguir un objetivo, siempre había quienes me advertían: "Calma, no hay que apurarse tanto en la vida".

Lo que no sabían es que yo siempre fui así. Tal vez por lo que mi madre me inculcó, siempre quería hacer todo lo que estuviera en mis manos por avanzar, por dar el paso siguiente lo antes posible y, por supuesto, destacar. En inglés a estas personas se les llama *over-achievers*, que puede tener una connotación un tanto negativa. Pero en el medio tan competido del periodismo, creo que hay que destacar por hacer las cosas bien, en busca de la excelencia. Y cuanto más experiencia obtengas a más temprana edad, ¡mejor! Esta característica mía me ayudó sobremanera ya que muy pronto empecé a adquirir experiencia y ahora, joven aún, llevo ya diecinueve años en el ámbito del periodismo.

Bueno, pues has de preguntarte qué pasó con mi jefe. Controlé mis nervios con sólo pensar que él fue precisamente quien me dijo que grabara el reportaje y se lo entregara. Entonces, ¿por qué temer? Me parece que en la mayoría de las situaciones como éstas, si se utiliza la lógica, podemos vencer los nervios. De esta manera logré reunir la fuerza para caminar hasta su oficina y decirle que quería hablar con él unos minutos.

Podría parecer increíble, pero en ese recorrido recordé que mi mamá alguna vez me comentó que cuando me ponía nerviosa hablaba más rápido de lo normal. Entonces, seguí su consejo de respirar profundo y me hice el firme propósito de sentarme, aparentar estar relajada y hablar despacio. Comencé por recordarle que días atrás le había entregado mi grabación y que deseaba saber su opinión profesional sobre mi trabajo y lo que debía mejorar o cambiar.

Mi jefe me sonrió ampliamente y yo no sabía por qué diablos estaba tan sonriente; como esto me puso aún más nerviosa, opté por sujetar mis manos frente a mí para no moverlas tanto.

Lo primero que me dijo fue que se alegraba de que hubiera ido a verlo. Después me habló de la importancia de la "experiencia" en el periodismo, de que las cosas no se logran de súbito y que llegar a ser un periodista de renombre toma tiempo.

"Ay, Dios mío" —pensé—, "seguro se refiere a que soy la más joven, a que debo calmarme y no pretender hacer todo en un día."

Intentaba mirarlo a los ojos —como siempre debe hacerse al hablar con alguien—, pero perdía la concentración. Quería que se saltara todo eso y ¡por fin me dijera *qué* pensaba de mi reportaje y *cuándo* podía comenzar a estar *en el aire* con regularidad!

Poco a poco, mientras él hablaba en forma pausada, yo me desesperaba un tanto, pero no lo interrumpí. Eso habría sido un gesto de mala educación de mi parte. Decidí permanecer callada, mirarlo fijamente, mantener las manos y las piernas cruzadas e intentar lucir lo más profesional posible, como me enseñaron en la universidad.

Sentía que la charla se demoraba una eternidad, mientras me explicaba todo lo que ya sabía: que debía sentirme muy afortunada porque no acostumbraban emplear a personas tan jóvenes como yo, recién egresadas de la universidad; que ese empleo en una estación de radio de noticias era una *gran* oportunidad de aprendizaje para mí; que era buena redactora y que los presentadores estaban muy satisfechos con mi trabajo (esta parte ya me iba gustando más…).

Y en ese momento agregó:

—Pero…

"Pero, pero, pero qué?..."

Sentí temor por lo que vendría después porque cuando hay un pero lo que sigue es ¡algo que no queremos escuchar!

—Bueno…

"¡Ay, Dios mío, que este señor acabe de decir cuál es el problema!"

—Es que, Myrka, tu voz no es la adecuada para estar en *el aire*.

¡Ay!, sentí como si me hubieran dado un puñetazo en el estómago, de ésos que te sacan el aire y te dejan casi sin respirar. Estaba anonadada. Sin embargo, me dije una y otra vez:

"Mirky, respira, respira, relájate, que tu jefe va a pensar que estás enojada."

Me esforcé de forma sobrenatural para no cambiar mi expresión facial. Me limité a mover la cabeza de arriba abajo, un poco en señal de aceptación. Pero por dentro me moría... si mi voz no era "adecuada" para la radio, tampoco lo sería para la televisión. ¡Qué decepción! Luché por continuar viéndolo a los ojos, aunque lo único que quería era levantarme de la silla e irme a casa a llorar. En ese momento, me ordené: "¡No puedes levantarte de esta silla! ¡No puedes irte! Si lo haces, perderás tu empleo y, además, perderás todas las oportunidades de cumplir tus sueños en el futuro. ¡Tienes que enfrentarte a lo que sea con cordura y mucha fuerza!".

Durante toda esta conversación interna, mi jefe continuaba hablando de forma un poco monótona.

"Presta atención, Mirky, presta atención!"

Súbitamente me di cuenta de que el señor estaba callado y, mirándome a los ojos, me preguntó:

—Entonces, ¿qué crees, Myrka?

"¡Ay!", me dije una vez más, "no escuché lo último que me dijo y ahora el jefe va a pensar que soy tonta por no contestar de immediato o que no me interesa mi trabajo."

¡Tenía que actuar ya! y elegí contestar tan sólo:

—No entiendo bien lo que me está diciendo y quiero tomar la decisión adecuada.

Por fin se me ocurrió algo que por lo menos sonaba inteligente y no daba la impresión de que estaba en la "luna de Valencia". "¡Qué bien me salió esa respuesta!", pensé. Ahora mi jefe me repetiría lo que había dicho y yo podría contestar.

Pero él replicó:

—¿Cómo que no entiendes, Myrka?

"Y ahora ¿qué le respondo?... Dios mío, ayúdame, ayúdame..."

Sentí que comenzaba a sudar. Una vez más, recordé las sabias palabras de mami: "Dí siempre la verdad, mi hija... te irá mejor".

Entonces, con toda espontaneidad, le confesé:

—Mire, estoy un poco nerviosa con esta conversación. Tengo muchos deseos de hacer bien mi trabajo y destacar en este medio. ¿Podría repetir lo que acaba de decir, por favor?

El jefe sonrió, más ampliamente aún, y yo pude volver a respirar. Creo que se dio cuenta de todo lo que había sucedido. Me imagino que, con sus años de experiencia, en algún momento tuvo también que enfrentarse a un superior y seguro también sintió miedo... y ahora me contemplaba con ternura.

Al ver su cara y su actitud, recobré el aliento y logré soltar mis manos.

—Myrka, tu voz suena como la de una niña, pero no te preocupes mucho, eso tiene solución. Lo único que necesitas es recordar tus clases de voz y dicción y realizar los ejercicios para modularla y hacerla más grave —me informó.

"¡Gracias, Dios mío! ¡Gracias!, ¡hay esperanza para mí!"

Enseguida le contesté:

—Sí, recuerdo muy bien mis clases de Voz y Dicción con una maestra inglesa en la universidad que, por cierto, era sumamente estricta y siempre estaba de mal humor. ¡Cómo olvidarla!

Mi jefe rió conmigo y me dijo que todos tuvimos profesores como ella.

—Además —reiteró—, tu "problemita" de la voz no es serio. Tráeme otros reportajes más adelante, ya con la voz "modulada" y que suene un poco menos joven.

Me levanté de mi asiento, le di la mano con firmeza, le agradecí su tiempo y salí de la oficina, saltando de la alegría.

La pasé muy mal durante varios minutos, pero ahora sentía que había vencido el primer obstáculo en mi vida profesional, bueno, dos: el primero fue la timidez al dirigirme a su oficina y el segundo, el sentimiento catastrófico al escuchar que mi voz no era la adecuada. Ahora estaba mucho más tranquila, al saber que el problema tenía solución, en particular si me lo proponía.

Lo mejor de todo es que recordaba a la perfección los ejercicios que efectuábamos en esa famosa clase, en los que repetíamos ciertos sonidos una y otra vez. Grabábamos nuestras voces con los distintos sonidos y luego escuchábamos si sonaban bien. Eso estaba a mi alcance. Con varios ejercicios, con mucha práctica, sin amilanarme, ¡lo lograría! ¡Por supuesto que sí!

¿Cuál fue el resultado? Unos meses más tarde, a las cinco de la madrugada, llamé a mi madre a la casa para que encendiera el radio porque acababan de anunciarme que mi primer reportaje saldría *al aire* en sólo unos minutos.

Recuerdo que cuando por fin escuché mi voz grabada mientras salía en la radio, no sonaba a mí. Tal vez se debía a que estaba tan emocionada al escuchar mi reportaje o a que luché tanto por cambiar mi voz y modularla para que pareciera la de una persona mayor, pero en mi opinión, mi voz era irreconocible. Sin embargo, estaba feliz, el director de noticias me felicitó y mi madre y todos mis familiares me llamaron ese día para decirme lo orgullosos que estaban de mí. Éste sería mi primer paso en el camino a lograr mis sueños profesionales.

2. De la radio a la televisión

Mientras trabajaba en la radio envié mis documentos de la universidad, junto con mi currículo, al canal 23, el canal de televisión local de la ciudad de Miami, perteneciente a la cadena Univisión. Era el año 1986 y yo tenía veinte años de edad. Mi mayor sueño era trabajar como reportera en un noticiero... cualquier noticiero. Sin embargo, enfoqué mis esfuerzos en el canal en español porque era más pequeño que los de inglés de la ciudad y pensé que estarían más dispuestos a darle una oportunidad a una recién graduada con muy, muy poca experiencia.

Además, como estudié español en la universidad y mi madre —que era profesora de nuestro idioma— siempre se aseguró de que lo aprendiera con corrección, tenía una ventaja sobre otras personas que pretendían entrar al canal en español pero que no dominaban el idioma o no eran bilingües por completo.

Aquí hago un gran paréntesis para sugerirles a los jóvenes lectores que jamás olviden sus raíces. Es algo que siempre reitero cuando visito las escuelas: cuantos más idiomas hable una persona, de más ventajas disfrutará en el mundo profesional. Además, a todos los que nacimos en Estados Unidos, de padres hispanos o de otros países, nos es fácil aprender inglés y mantener con nuestros padres la costumbre de comunicarnos en nuestro idioma de origen.

Tal vez en la niñez o adolescencia no se percaten de la importancia de dominar otro idioma, pero considérenlo de una forma bastante simplista: ¡siempre es mejor saber *más* que menos! Es probable que no se imaginen lo difícil que es para un adulto aprender un nuevo idioma, así que si ustedes lo hacen en la juventud, lo más pronto posible, mejor lo harán y más se les facilitará. En mi experiencia, de no haber sido porque mis padres primero me hablaron en español y luego aprendí inglés en la escuela, no habría obtenido mi primer empleo en la televisión en español y sabe Dios cuán diferentes se habrían presentado las cosas para mí. De modo que agradezco a mis padres, ambos profesores, no sólo el hecho de que las primeras palabras en mi casa fueran en español, sino que me hayan inculcado el amor y el respeto por mis raíces y mi cultura hispana.

Pero volvamos al tema de mi primer trabajo en televisión. Cuando dirigí todos mis esfuerzos a entrar al canal WLTV de Miami, decidí investigar el nombre del director de noticias y enviarle mi currículo. Pero ¿cuál?, se preguntarán, porque ya saben que mi único trabajo en el campo del periodismo había sido en la radio, durante unos seis meses. Bueno, cuando no tienes mucha experiencia y acabas de graduarte de la universidad, lo poco que puedes incluir en tu currículo son tus calificaciones universitarias, las becas que obtuviste y cualquier actividad extracurricular que hayas emprendido. También es importante mencionar si has sido empleado por alguna empresa, bien sea en tu profesión o no.

Yo, por ejemplo, había trabajado en una tienda departamental de ropa en Miami en el verano, antes de comenzar la universidad. En otro verano colaboré como recepcionista en un banco, donde me ganaba un dinerito extra al trabajar más horas y traducir las cartas del presidente de la institución del inglés al español o viceversa. Cuando aún estaba en la secundaria, di clases de piano a tres chicas y esos ingresos ayudaban a costear mis estudios. Todo esto figuró en mi currículo, junto —por supuesto— con mi labor en la estación de radio.

Muy animada, le escribí una cartita al director de noticias del canal 23, que entonces era el señor Gustavo Pupo Mayo; adjunté mi currículo, cerré el sobre y le encomendé a Dios mi futuro. Recuerdo, como si fuera hoy mismo, que pensé: "Dios mío… tú sabes que yo quiero trabajar en la televisión, dame una oportunidad". Y envié el sobre.

Pasaron varias semanas sin que recibiera respuesta alguna. De acuerdo con los consejos que alguna vez me diera uno de mis profesores en la universidad, el próximo paso sería llamar directamente a la oficina del director de noticias para verificar que hubieran recibido mi carta y mi currículo, así como para mostrarles mi interés en colaborar con ellos. Esto es muy importante: en el periodismo, como en todas las actividades de la vida, la perseverancia es muy útil.

Ese próximo paso —llamar a la oficina del ejecutivo mencionado— no me hacía gracia alguna, dada mi timidez. Cierto, redactaba muy bien y no me era problemático escribir y enviar cartas; pero la idea de tener que hablar personalmente con alguien me intimidaba un poco. Aun así, mi gran deseo de trabajar en televisión pudo más que el miedo.

Investigué el número telefónico de la estación y llamé al señor Pupo Mayo. Contestó Marta, su secretaria, a quien todavía recuerdo. Le dije que mi nombre era Myrka Dellanos, que había enviado una carta con mi currículo y deseaba saber si la habían recibido. Ella contestó que esperara un momento que, de más está decirlo, me pareció una eternidad.

Por fin regresó al teléfono la señora Marta.

—Sí, recibimos la carta, muchas gracias, pero no estamos buscando nuevos empleados —me informó.

Guardé silencio unos segundos y pensé preguntarle si habían leído bien mis datos; que yo, aunque joven, trabajaba ya en una estación de radio, lo cual era buenísimo porque tenía por lo menos unos meses de experiencia en mi especialidad, el periodismo. Pero, mientras todo eso pasó por mi mente, mis labios permanecieron cerrados y no pronuncié palabra.

—Mi hijita… ¿estás ahí? —cuestionó la señora Marta.

—Sí… aquí estoy… bueno, muchas gracias por su tiempo.

—Buenas tardes —fue su respuesta.

Al colgar sentí un poquito de tristeza, aunque en realidad no mucha porque sabía que por lo menos tenía mi empleo en la radio y cada día adquiría más experiencia. Además, pensé que si conservaban mis datos en cualquier momento tal vez surgiera una oportunidad.

Mi mamá, al enterarse de lo que me contestaron, se limitó a comentar:

—No te preocupes, Mirky… el mes que viene vuelves a llamar.

Me lo dijo como si fuera lo más normal del mundo llamar todos los meses hasta que me dijeran que sí.

De esta forma comenzó mi misión de incursionar en la televisión en español. A mi llegada a casa de la estación de radio, encendía el televisor y veía el noticiero para analizar cómo daban las noticias en español. Mi mamá veía una que otra novela en nuestro idioma, pero en la casa no se acostumbraba ver televisión durante la semana. En mis años en la secundaria y en la universidad, estudiaba siempre, mientras mi mamá me ayudaba con la tarea o preparaba la cena. Después, yo solía leer varias horas, así que sólo veía televisión durante el fin de semana.

Por consiguiente, no estaba muy familiarizada con la programación en español. Pero ahora, con mi nueva meta, decidí aprender todo lo que podía al respecto. Opté por ver los noticieros en español y también los de inglés para comparar y descubrir qué hacían en forma diferente. Me di cuenta de que, si bien ambos presentaban casi las mismas noticias y los reportajes eran muy similares, el noticiero del canal 23 comenzaba con algo que afectaba de manera directa a la comunidad hispana del sur de la Florida. Recuerden que se trataba de un canal local, por lo que la mayoría de sus reportajes versaban sobre esa comunidad.

Mientras trabajaba en la radio explotó el transbordador *Challenger*. Ese desastre resultó ser un momento histórico para Estados Unidos y con seguridad muchos recuerdan dónde estaban cuando escucharon la noticia. Corría el año 1986 y yo, que disfrutaba mi día libre, cambié de uno a otro canal para enterarme de lo sucedido. Me dediqué a observar con todo detalle el estilo personal de los reporteros. Me di cuenta de que cada uno tiene sus propias palabras y su propia forma de contar una historia. A algunos los entendía mejor que a otros; algunos narraban lo que acontecía en forma muy minuciosa y con palabras sofisticadas; otros se concentraban en las imágenes y en contar lo que el televidente veía en casa.

Los reportajes que me resultaban más atractivos eran aquellos en los que el periodista parecía sentir lo que relataba —en este caso una tragedia terrible e histórica— y establecer una conexión especial con los televidentes. Pasé todo el día viendo las noticias e imaginando cómo habría narrado lo que sucedía si me hubiese encontrado en el lugar de los hechos. Me fascinó comprobar que los reporteros podían atravesar ciertas barreras policiales, encender sus cámaras y entregarle al resto del mundo un pedacito de lo que se vivía en ese lugar. Era su responsabilidad contar la historia y destacar lo que creyeran más importante.

En ese momento supe, sin lugar a dudas, que eso era lo que quería hacer y me alegré de haber estudiado periodismo. También deseé estar en la estación de radio. Todo el día me pregunté qué harían, cómo estarían informando del desastre y me imaginé el corre y corre que debía de vivirse en ese momento en la sala de redacción de WINZ-News. Además del televisor, escuchaba la radio para comparar lo que decía un reportero y otro.

"Un día serás tú la que reportes algún hecho histórico para el público", me dije.

Ese día tracé un plan para entrar a la televisión y hacer mi sueño realidad.

"Mañana mismo llamaré una vez más a la oficina del director de noticias… no, mejor aun… le enviaré otro currículo y otra cartita, ahora preguntando si tienen algún tipo de empleo disponible en la estación, cualquier empleo."

Escribí la carta y de nuevo incluí una copia de mi currículo, cerré el sobre y le rogué a Dios:

"Dios mío, que esta carta llegue al lugar correcto… Tú sabes mejor que yo a dónde tiene que llegar."

Y la envié.

Después de esperar una semana sin ninguna llamada de parte del canal 23 ni de la oficina del señor Pupo Mayo, lo consulté con mi mamá, quien me animó:

—Pues, vuelve a llamar, no te des por vencida.

En esta ocasión ya no tuve timidez para comunicarme; más bien, sentía confianza en que si me daban una oportunidad, les demostraría que podía ser reportera, aunque tuviera muy poca experiencia… bueno, mejor dicho, ninguna experiencia como reportera, sólo lo que llevé a cabo en mis clases universitarias.

Marqué el número del canal y escuché a la señora Marta contestarme exactamente lo mismo:

—Mi hijita, no tenemos nada para ti en estos momentos, muchas gracias.

—Ah, está bien, gracias a usted —repliqué, un tanto desilusionada.

"Ay, Dios mío", me lamenté, "esto será más difícil de lo que pensaba."

Mientras tanto, trabajaba en la radio y realizaba reportajes que salían *al aire* casi todos los días ya. Al director de noticias de la estación le agradaba mi forma de escribir y me ofreció que lo hiciera también para la Associated Press (Prensa Asociada) y la United Press International (la Prensa Unida Internacional), redes noticiosas que llegan a todas partes del mundo y que son utilizadas por las cadenas más importantes de noticias. Aún pienso en el día cuando vi escritas mis propias palabras en uno de los partes de noticias… y abajo, mi nombre, Myrka Dellanos. ¡Estaba tan feliz que saltaba de alegría! Y ésta se vio coronada al saber por mi jefe que cuando escogían tus reportajes para la AP (así la llamaban) o la UPI, te enviaban un cheque a casa, ¡un dinero adicional a tu salario! "¡Qué maravilla!", me dije. No sabía que me pagarían por eso… me habría hecho feliz el solo hecho de que escogieran mis reportajes. Pero, bueno, el dinero me venía bien, muy bien. Después de todo, ganaba doce mil dólares al año y deseaba comprar mi primer auto. (Mi pobre madre aún me llevaba al trabajo.)

En seguimiento a mi plan de incursionar en la televisión, comencé a grabar mis reportajes que salían *al aire* por la radio y decidí hacerle llegar las grabaciones al director de noticias que ya me había rechazado dos veces.

"Bueno, es que el señor no me conoce, no sabe lo que soy capaz de hacer", fue mi razonamiento.

En mi nueva carta enteré al señor Pupo Mayo de que yo salía en la radio y vendía mis reportajes a la Prensa Asociada. Pero, como dichos reportajes eran en inglés, quería que en el canal de televisión supieran que era por completo bilingüe y podía redactar y realizar reportajes en español. Por consiguiente, escribí la carta, incluí mi ya conocido resume, junto con las grabaciones de mis entrevistas y reportajes en inglés que ya habían salido *al aire*.

"Ahora sí… ahora me llamarán"; la convicción optimista no me abandonaba.

Transcurrieron los consabidos siete días y no me llamaron… luego pasaron dos semanas y hasta un mes sin recibir respuesta alguna del canal. ¡No podía creerlo! En vez de entristecerme decidí que seguiría llamando y escribiendo hasta que me dieran la oportunidad de probarles lo que era capaz de hacer.

Confieso que en algunos momentos pasó por mi mente darme por vencida y simplemente no llamar más… pero algo en mi interior —al igual que mi madre— me insistía en que jamás debía darme por vencida si en realidad quería realizar mis sueños. Entonces, aunque detestaba llamar y que de nuevo me informaran que no tenían nada para mí, decidí marcar el ya conocido número telefónico, sobre todo ahora que había incluido las nuevas grabaciones.

Esta vez fue más desesperanzador. Al contestarme la señora Marta, cuya voz ya yo reconocía, me dijo con rapidez:

—Mi hijita, no tenemos nada para ti.

Y con igual rapidez colgó el teléfono.

Su actitud me causó gran confusión.

"Ay, Dios mío, ¡fue peor de lo que pensaba!", dije para mis adentros; sentí un poco de vergüenza y dudé: "¿acaso son demasiado ambiciosos mis sueños?, ¿quién soy yo para pensar que podrían convertirse en realidad?"

Sin embargo, enseguida me respondí:

"No pienses tonterías, debes seguir intentándolo, sólo tienes veinte años; si te das por vencida ahora, jamás alcanzarás ninguno de tus sueños."

Ésta es una lucha interna que he sostenido toda mi vida. Es probable que tú te identifiques con este tipo de conversación interna. ¿Has albergado dudas entre lo que "quieres" hacer y lo que "debes" hacer? En mi caso no se trataba de una lucha del bien contra el mal, pero, por naturaleza, los seres humanos solemos desconfiar de nosotros mismos y dejarnos envolver por una voz suave que nos dice: "¡No puedes alcanzar tus sueños! ¿Quién crees que eres? ¡Olvídate de eso!".

En mi opinión, ésa es una fuerza maligna que, por desgracia, llega a destruir vidas y no desea que triunfemos. Pero, no te preocupes, Dios puede más que tal fuerza negativa y Su voz es la que debemos escuchar. Esa voz divina que, pese a que muchas veces queremos silenciarla, nos asegura: "¡Sí puedes lograr tus sueños! No escuches a tus detractores y sigue tu lucha, alcanzarás tu cometido!".

En las ocasiones en que la voz más fuerte es la positiva, nos sentimos poderosos y vencedores. Pero, tristemente, con frecuencia la voz del negativismo se apodera de nosotros, apoyada por la gente poco constructiva que nos rodea algunas veces, y nos sentimos vencidos, sin fuerza y listos para abandonar el esfuerzo. Si tú en este mismo momento te sientes vencido, quiero decirte que en la vida no hay coincidencias y estoy segura de que este libro fue puesto en tu camino para que supieras que el triunfo está en tus manos. Si das lo mejor de ti, si estás dispuesto a sacrificarte y a luchar por la excelencia, triunfarás. Una cosa te pido: jamás permitas que otra persona intente convencerte de que no podrás hacer realidad tus sueños. No importa quién te lo diga —tu pareja, tu madre, tu maestro o tu hermano—, confía en mí, sí puedes lograr lo que te propones. No será fácil, pero sí puedes conseguirlo. Como ya mencioné, más adelante te transmitiré nueve consejos que me han ayudado enormidades en el transcurso de los años y que espero que también sean valiosos para ti.

Pasado el tercer rechazo por parte del canal 23, en realidad no sabía cuál sería mi próximo paso. La respuesta tan abrupta de la secretaria del director de noticias, si bien me desconcertó, no me amilanó ni liquidó mis ambiciones. Decidí hacer la acostumbrada pausa de un mes y llamar al término de este plazo.

"Total, ¿qué puede ser lo peor que me suceda, que vuelvan a decirme que no?"

Con mi trabajo en la radio ese otro mes más de vida transcurrió con velocidad. Mi rutina era la misma: iba a la estación a las cuatro de la mañana y salía a las doce del día, incluso los fines de semana. Estaba un tanto frustrada porque, como puedes imaginar, este horario no me permitía salir ni asistir a fiestas con mis amistades; algunas veces pensaba que todo el mundo disfrutaba menos yo.

Al percatarse de lo que sentía, mi madre me recordaba que cuando deseas algo necesitas sacrificarte por ello y yo sabía, sin lugar a dudas, que quería ser periodista y trabajar en televisión.

Una tarde llegué a casa cerca de la una. Como siempre, lo primero que hice fue revisar los mensajes grabados en la contestadora telefónica. Ese día, ya casi a finales de 1986, habían llamado varias amigas, una tía y, en último lugar, una mujer cuya voz no reconocí. En primera instancia pensé que el mensaje podría ser para mi mamá, por lo que tendría que prestarle mucha atención para comunicárselo. Recuerdo con exactitud dónde me encontraba cuando escuché las palabras que cambiarían mi vida: de pie en la recámara de mi madre, junto al aparato telefónico, justo al ladito del cual estaba la máquina contestadora.

La voz dijo:

—Este mensaje es para Myrka Dellanos…

Seguía pensando que era para mi mamá porque ella se llama igual que yo. Pero no, la voz continuó:

—Estamos llamando del canal 23, WLTV. Por favor comuníquese a la oficina de Gustavo Pupo Mayo para concertar una cita.

"¿Qué?"

A toda velocidad apreté el botoncito rojo para escuchar el mensaje de nuevo.

"¡La oficina del señor Pupo Mayo!… no puede ser… ¿habré oído bien?"

Una vez más apreté el precioso botoncito rojo para escuchar el mismo mensaje que pedía que Myrka Dellanos llamara para concertar una cita con el director de noticias. Creo que repetí la operación unas cinco veces hasta convencerme por fin de que era cierto: me llamaban a mí (Mirky) para reunirme con el director de noticias del canal de televisión. No hay palabras para expresar lo que sentí. Sola en casa, comencé a saltar y a brincar. Enseguida pensé: "Tengo que llamar a mami... ¡se va a morir de la alegría!" En efecto, la llamé a su trabajo y le conté de la increíble llamada que había recibido. Muy contenta, me comentó:

—¿Ya ves, Mirky?... te llamaron.

—Pero, mami, ahora viene la parte más difícil: devolver la llamada para ver qué quieren exactamente.

Ella me respondió con mucha paz en su voz:

—Ya verás, Mirky, que todo saldrá bien. Dios siempre te protege.

—Está bien, mami. Voy a llamar a la oficina para ver cuál será el próximo paso. Te cuento luego.

Colgué y comencé a dar vueltas por toda la casa. Por fin me senté con el teléfono en la mano y marqué los números de la oficina del canal 23. Mi corazón amenazaba con desbocarse en cualquier momento.

—Buenas tardes, WLTV, canal 23 —dijeron del otro lado de la línea.

—Buenas tardes —dije yo, a mi vez.

Ahora el corazón me latía tan rápido y fuerte que lo sentía en la cabeza.

"Cálmate, Mirky... habla... habla."

—Soy Myrka Dellanos y hoy recibí una llamada de la oficina del señor Pupo Mayo.

—Ah, sí, mi hijita, un momento.

Por supuesto que reconocí esa voz: era la misma señora a quien había molestado tantas veces y que siempre me contestaba que no tenían nada para mí. A su regreso me informó que en el canal había dos plazas abiertas, una de productora y otra de reportero, y que deseaban que fuera el día siguiente a hacer una prueba. Le pedí que me explicara de qué se trataba ésta.

—Tienes que traducir varios libretos del inglés al español y salir a realizar un reportaje en cámara —contestó.

Estaba increíblemente feliz, aunque un tanto nerviosa y ansiosa a la vez. Anhelaba tanto, tanto, trabajar en televisión que tenía miedo de no poder lograrlo. Gracias a Dios y al firme apoyo de mi madre, muy pronto aquieté mi ánimo dudoso. Sentí que si Dios ponía esa oportunidad en mi camino era por algo y haría todo lo posible para demostrarle a los directivos del canal 23 que podía trabajar allí.

Si bien estaba consciente de que los puestos disponibles eran dos, prefería ser reportera porque deseaba estar "en la calle", buscando y reportando noticias y viviéndolas como si fueran parte de mí. Pero, claro, también estaba dispuesta a aceptar la posición de productora; después de todo, mi mayor anhelo y mi prioridad número uno eran trabajar en una estación de televisión, en lo que fuera, y, a partir de ahí, esforzarme para obtener otro puesto.

Lo más importante para mí en ese momento era tener acceso a la estación.

La noche antes de la entrevista casi no pude dormir. Demoré varias horas escogiendo un traje para vestir el próximo día. Debía ser algo muy profesional, pero que también registrara adecuadamente en el reportaje para la televisión. Según mi madre, el color verde me sienta muy bien, así que elegí un traje verde esmeralda con zapatos cerrados de tacón alto, de tono beige. Puse la ropa sobre un sillón en mi recámara. Saqué unos aretes de esmeraldas y brillantes que mi madrina me regaló después de un viaje a Japón, mismos que había guardado para una ocasión muy especial. Me arreglé el cabello y al acostarme lo levanté con cuidado para asegurarme de que estuviera perfecto en la mañana. Para nosotras las mujeres, el cabello y el vestuario son muy importantes, y como es natural, quería verme bonita y profesional para lograr sentirme confiada a la hora de la entrevista. Ya con todo preparado en mi récamara, mi mamá y yo rezamos juntas y me fui a dormir.

Bueno, dizque a dormir porque tan sólo lo intenté; di vueltas en la cama toda la noche. Me levanté tan pronto amaneció. Desayuné a toda prisa y comencé a vestirme y maquillarme para mi entrevista tan esperada. Al terminar, mi madre y yo subimos a su automóvil para dirigirnos al canal 23. Yo no tenía vehículo, por lo que mi mamá pidió unas horas libres en el trabajo para llevarme a la entrevista y recogerme después. En el trayecto, me decía:

—Mirky, acuérdate de hablar despacio frente a la cámara para que no crean que estás nerviosa.

—Sí, mami.

—Mirky, acuérdate de mirar bien a los ojos de la persona que te entreviste porque eso inspira confianza.

—Sí, mami, ya sé.

—Mirky, ya verás que lo vas a hacer de maravilla. Te irá increíblemente bien… sé positiva.

—Sí, mami.

No hablé mucho en ese viaje. Estaba concentrada en lo que haría y procuraba imaginar las preguntas que me formularía el jefe. Cuando por fin llegamos, le di un beso a mi mamá como de costumbre.

Ella se despidió con un:

—Que Dios te bendiga y llámame cuando termines para venir por ti.

—Bye, mami.

Y bajé del auto para entrar al edificio de oficinas. Al entrar y darme cuenta de toda la energía que se vive en la sala de redacción, me emocioné. Me percaté de que eso era justo lo que quería. Bueno, ya lo sabía, pero esto me confirmó cuánto deseaba trabajar en televisión. Cuando me llevaron a la antesala de la oficina del director de noticias, ¿adivinen a quién conocí? Nada menos que a la señora Marta, la secretaria del señor Gustavo Pupo Mayo, quien había contestado mis múltiples llamadas y siempre me decía: "Mi hijita, aquí no tenemos nada para ti".

"Ay, esta señora estará harta de mí por las tantas veces que he llamado y he enviado mi currículo", pensé.

Pero Marta me trató muy bien y entré a conocer al jefe. Si bien siempre me he sentido bastante cómoda en entrevistas, te confieso que estaba un tantito nerviosa. En ese momento recordé todos los consejos que mi madre me repitiera en el auto. Me acordé de mirarle a los ojos y hablar despacio. El señor Pupo Mayo, también muy amable conmigo, me explicó que, como me mencionara su secretaria, había dos posiciones disponibles. Cualquiera de ellas era buena para mí; como ya dije, lo importante era entrar a trabajar en una sala de redacción de un noticiero televisivo.

De hecho, ese día pasé horas en esa sala. Me dieron varios libretos para traducir del inglés al español y luego salí "a la calle" con un camarógrafo e hice un reportaje frente a las cámaras. Recuerdo, como si fuera ayer, que Iván, el camarógrafo, se mostró muy dulce y bueno conmigo. Con gran paciencia, me ayudó en todo lo que pudo. Me dijo que tomara todo el tiempo necesario para que el reportaje saliera lo mejor posible. Siempre agradeceré su colaboración.

De regreso, edité mi reportaje y entregué los libretos que traduje. Para entonces, habían transcurrido unas cinco horas y me informaron que era todo. Llamé a mi madre para pedirle que me recogiera. Marta me comentó que me llamarían en una semana para informarme si me ofrecerían alguno de los puestos. Salí de allí esperando de todo corazón poder volver pronto. No sabía que esa sala de redacción sería mi segunda casa por muchos años, que en ella celebraría Navidades, años nuevos y ¡hasta cumpleaños!

Te has de imaginar lo que sucedió después. En cinco días me llamaron, me ofrecieron la posición de reportera y comencé a trabajar en la televisión. Eran los últimos días de 1986. Me pagarían seis mil dólares más de lo que ganaba en la radio. ¡Me sentía una joven rica! ¡Ahora sí que estaba lista para la vida!

Por cierto, durante los siguientes diez años trabajé con Iván, el mismo camarógrafo de mi prueba. De hecho, fue uno de mis camarógrafos favoritos. Más adelante colaboró conmigo en numerosas historias mientras estuve en *Primer Impacto* y trabajamos juntos llevando a cabo el programa "en vivo" desde otras ciudades. Iván, mi productora Malena y yo la pasábamos de maravilla y siempre queríamos viajar juntos. Pero me estoy adelantando; de esos reportajes ya te contaré después.

3. Mis primeros días en la televisión

Estaba tan contenta de poder trabajar en un canal de televisión que casi no atinaba a contener mi emoción. ¡No podía creer que me pagaran por hacer algo que amaba tanto! ¡Era como una niña con un juguete nuevo! Siempre sonriente, estaba dispuesta a trabajar a toda hora y cualquier día.

Recuerdo que en uno de mis primeros días en el canal 23 entré a la sala de redacción y conocí a los presentadores del noticiero local. Para mí, ellos eran lo máximo. Los veía en la tele a diario mientras estudiaba la universidad y ahora sería parte de su equipo. Como es natural, conocerlos en persona fue un gran honor para mí.

Primero me presentaron a Guillermo Benites, un hombre alto, muy querido por la comunidad del sur de la Florida y la imagen principal del canal. Le extendí la mano y dije:

—Mucho gusto, es un placer conocerlo.

Él sonrió y, en presencia de todos, me contestó con su poderosa voz:

—¡Pero si eres una niña!

Acto seguido me agarró las mejillas como le hacen a los pequeños. Cuando era pequeñita, solían hacer eso conmigo porque siempre tuve los cachetes grandecitos y... ¡lo odiaba! Esbocé una leve sonrisa —no podía hacer otra cosa— y seguí mi camino para conocer al resto de las personas que laboraban en la sala de redacción. Sin embargo, para mis adentros me lamenté: "Ay, Dios mío, ¡eso es lo que menos quiero que piensen! Soy graduada de la universidad, estudié periodismo y quiero que me tomen en serio, ¡no como si fuera una niña!".

Hoy día, este episodio me causa gracia, ya que recién había cumplido veintiún años de edad. Y, aunque me consideraba muy profesional y mi actitud en ese sentido era muy madura, en mi forma de ser sí era una niña. Mi madre todavía me llevaba y me recogía del trabajo y vivía con ella, como lo hice hasta el día en que me casé. Entonces, para las personas que me trataban en ese mundo, en realidad sí parecía ser una niña.

Debido a que era la reportera más joven en la sala de redacción y no quería aparentarlo, me comportaba con gran seriedad en lo que se refiere al trabajo. Cuando salía a cuadro, casi nunca sonreía y modulaba la voz para que sonara más baja de lo normal en mi caso.

Me dedicaba en cuerpo y alma a dar lo mejor de mí y a llevar a cabo buenos reportajes. Cada vez que me pedían que hiciera algo nuevo, decía que sí. De esta manera seguía los consejos de mi madre: "Si quieres algo, tienes que sacrificarte. Si te piden que hagas algo, ve más allá de lo que te piden". Entonces, como ya mencioné, me ofrecía a trabajar en cualquier horario. Si alguien salía de viaje o de vacaciones, yo me declaraba dispuesta a ocupar su lugar en mis días libres. Mi afán por enterar a mi jefe de que quería trabajar y aprender todos los días era tal, que cuando me encargaron que hiciera un reportaje "en vivo" durante unas elecciones locales a sólo dos semanas de comenzar a trabajar en la televisión, de inmediato acepté. Ahora pienso que quizás hacerlo fue un error.

Veamos por qué.

Cuando hay elecciones, todos los reportajes son "en vivo", lo que significa que el periodista debe situarse en el lugar de los hechos —las oficinas de las campañas electorales o frente a un edificio de votación— y hablar frente a las cámaras en tanto que las imágenes salen *al aire*. O sea, no hay tiempo para hacer correcciones y lo que digas, ya lo escuchó el público. Sólo los periodistas con experiencia deben realizar este tipo de reportajes porque cualquier cosa puede salir mal. Y, por desgracia, eso fue lo que me sucedió.

Me tocó cubrir las elecciones de los candidatos a comisionados de la ciudad de Miami y me enviaron a un hotel donde se celebraba una fiesta para una señora que estaba a punto de ganar un escaño en la comisión. La señora, estadounidense, no hablaba español y, por supuesto, mi reportaje sería en nuestro idioma. El mecanismo para una entrevista de este tipo sería el siguiente: debía formular la pregunta en español para que los televidentes la entendieran; después, planteársela a ella en inglés y darle oportunidad de contestarla en su idioma. Al terminar de responder, tenía que traducir sus comentarios al español para que los televidentes supieran lo que había dicho.

¿Te imaginas la dificultad de hacer eso con varias preguntas sobre temas políticos? Diversos factores complicaban el dilema: debido al ambiente festivo, había muchísimo ruido; todo un público nos miraba y escuchaba, en tanto que las cámaras nos apuntaban de cerca a ambas; mientras la candidata contestaba las preguntas, yo debía encontrar las palabras exactas con las que traduciría sus respuestas, pues —como es obvio— no quería equivocarme ni mucho menos trasgiversarlas; a la vez, tenía que pensar cuál sería mi próxima pregunta y con qué conclusiones finalizaría el reportaje. En ese momento, miré hacia un lado y vi que a unos tres metros de distancia una reportera de otro canal realizaba su reportaje "en vivo". Yo la conocía pues era muy reconocida y respetada por sus años en la televisión.

Me puse un tanto nerviosa y, a medida que transcurrían los segundos, sentí que me temblaban las piernas. En ese momento, por el audífono escuché la voz del productor que me decía: "cinco… cuatro… tres… dos…"; ahí, en ese preciso instante, debía comenzar a hablar. En estos reportajes no hay ensayos ni prácticas y cuando te "cuentan" no puedes hacer una pausa, debes empezar a hablar y ¡hacerlo a la perfección!

Recuerdo que saludé a la futura comisionada y le pregunté sobre los aspectos principales de su campaña; pero el temblor de mis piernas persistió al darme cuenta de que poco a poco los asistentes a la fiesta se acercaban para escuchar la entrevista.

Aquí creo que fue donde cometí el error. Dejé que mi mente se desviara: pensé en los millones de televidentes en casa que me veían y escuchaban; al mirar a la lente de la cámara, comencé a sudar más y más, a ver puntitos negros y a sentir que mis piernas no me sostendrían. Mientras tanto, seguí hablando con mi entrevistada e intentando traducir lo que respondía.

Pero no podía concentrarme; todo a mi alrededor empezó a ponerse negro y los puntitos oscuros se convirtieron en una cortina de oscuridad. ¡Sufría un ataque de pánico! Mi siguiente recuerdo es la expresión en los rostros de quienes me rodeaban: muchos parecían tenerme lástima. Me miraban de arriba abajo, escuché a alguien murmurar: "...la pobre" y se alejaron. La entrevistada se fue de mi lado y se apagaron las luces de las cámaras. Ahora sí vi las cosas con mayor claridad y corrí hacia el camión del satélite, estacionado fuera del hotel y desde donde se transmitía la señal de nuestras cámaras. Todo en él era silencio. Las lágrimas rodaron por mis mejillas. No sabía con exactitud qué sucedió, pero intuía que había sido ¡algo horrible! Le pregunté al operador del camión:

—Was it really bad? (¿Estuve muy mal?)

Y simplemente me dijo:

—Fue tu primera vez en vivo. No te preocupes.

—¡Entonces estuvo horrible!

—Bueno, tanto como horrible, no, pero, mira, Myrka, fue tu primera vez y era una situación muy difícil... créeme, ¡no te preocupes!

—No puedo creerlo... Yo estaba preparada... ¡ahora perderé mi empleo!

Durante todo este diálogo yo lloraba y sentía que iba a vomitar ahí mismo. Esta vez el operador no me contestó; para mí, su silencio significaba que pensaba que no servía para ese trabajo y, por supuesto, me quedaría sin él. Me cubrí la cara con las manos y bajé la cabeza. Me preguntó si quería ver la grabación de la entrevista, a lo que me negué de manera rotunda:

—*No*, no, gracias, no quiero verlo.

Esa noche, cuando mi madre fue por mí, me sentía muy triste y enojada conmigo misma. No sabía qué iba a pasar y quería prepararme para lo peor.

En mi mente, me vi en la oficina del director de noticias —el mismo que me contrató—, ya despedida.

"¿Qué voy a hacer ahora?", me cuestionaba, perdida y desconsolada.

Ya en casa, mi madre se esforzó por hacerme sentir mejor, ya que yo estaba de muy mal humor. Pero, en realidad, no quería escuchar ni hablar del tema, razón por la cual permanecí bastante callada durante la cena.

Mi mamá, que era la única que hablaba, me aseguró:

—No te preocupes, todo sucede por algo.

Enojada, rompí el silencio:

—Mami… ¡No, no todo sucede por algo; esto no tiene razón de ser! Ahora me voy a quedar sin trabajo y ¡éste era mi sueño!

—Mirky, ahora tal vez no sepas el porqué de esta situación, pero de algo te servirá. Ya verás que todo te saldrá bien.

—¡Ay, mami, por favor!

Todo lo que me comentaba me parecía sin sentido alguno y pensaba que sólo me lo decía porque no tenía otra cosa que aportar.

"Por supuesto que va a asegurarme que todo saldrá bien… ¿qué más podría alegar? Desde luego que no querrá empeorar la situación diciéndome la verdad, ¡que acabo de arruinar mi carrera y mi vida!"

Por consiguiente, no le presté mucha atención y me acosté a dormir.

Una vez más, como en la víspera de mi entrevista de trabajo, esa noche no dormí mucho. Una vez más di vueltas en la cama toda la noche, pensando y reviviendo en mi mente el diálogo con mi jefe. Le diría la verdad: que me puse muy nerviosa... No, le diría que no estaba bien preparada... No, no podía salir con eso porque entonces pensaría que no me esforzaba lo suficiente. No, le diría que había mucho ruido o, mejor aun, que la traducción de las preguntas y respuestas me confundió.

"Dios mío, ayúdame mañana, no sé cómo justificarme con el señor Pupo Mayo", rogué. Con esas palabras y repitiendo la frase "Dios mío, ayúdame", logré dormir unas cuantas horas.

La mañana siguiente estaba bastante deprimida y, además, avergonzada. Pensaba en todas las personas que me vieron hacer el ridículo en televisión y no daba con cómo podría superar esa situación. Apenas llegué a la oficina, encontré en mi escritorio un mensaje de que me presentara de immediato con mi jefe.

"Bueno, Myrka, si te despiden, podrías comenzar de nuevo con otra carrera, tal vez en un periódico o una revista."

Como no sabía qué decirle a mi jefe, abrí la puerta y simplemente pronuncié un triste:

—Buenos días.

Pero mi cara lo decía todo.

De espaldas a mí, el director de noticias escribía algo sentado ante una mesa que daba a la pared. De repente se volvió y miré su expresión sonriente.

"Qué está pasando aquí?... ¡Este hombre se está riendo de mí!"

Entonces, sin decir palabra alguna, su leve sonrisa se convirtió en carcajadas. Los segundos parecían horas y yo seguía parada, en completo silencio y muy seria. Estoy segura de que él leyó en mi actitud que no tenía idea de lo que acontecía.

—Myrka, siéntate.

Así lo hice, mirándolo de frente y con incredulidad. El señor seguía riendo y yo, muy seria.

Por fin me dijo:

—Lo que pasó ayer no tiene excusa.

"Ay... ay... ay... Dios mío... aquí viene... ¡me va a despedir ahora mismo!"

—Pero, Myrka, no es tu culpa.

"¿Que no es mi culpa? Entonces, ¿quién era la que invadió mi cuerpo y me hizo pasar tal vergüenza? ¿Qué me está diciendo este hombre?"

—Myrka, nunca debimos haberte enviado a realizar un reportaje en vivo con tan poca experiencia. Sólo llevas dos semanas aquí. Ya le dije a la productora que debe cuidarte un poco más y darte asignaciones más sencillas hasta que adquieras más experiencia.

Aún callada, de forma gradual comencé a darme cuenta de lo que quería decir mi jefe. Entonces me decidí a hablar:

—Perdón... perdón... lo siento tanto.

—No, Myrka, lo siento por ti.

—Le prometo que nunca más me sucederá lo mismo.

Entonces pude respirar un poco más profundo y observé que su sonrisa se ampliaba. Resultaba evidente que para él, el asunto había sido bastante cómico.

"Bueno, si no me va a despedir, entonces yo también puedo reírme de lo acontecido", decidí.

Sonreí un poco solamente porque aún me sentía muy avergonzada y le comenté:

—No sé lo que dije después de terminar la entrevista... todo se puso negro y no recuerdo mis palabras.

—No te preocupes, nadie entendió lo que decías, no tenía sentido.

—Le prometo que jamás me sucederá algo así de nuevo —afirmé, cabizbaja.

—Yo lo sé, Myrka, olvídalo.

Sintiendo que ya podía relajarme un poco, le agradecí y me di la vuelta para salir de su oficina.

—Myrka...

—Sí, dígame.

—La gente en casa se olvidará de este incidente en cuanto realices varios reportajes buenos, así que dedícate a hacer lo mejor, yo sé que tú puedes.

—Gracias... así lo haré —le contesté y cerré la puerta tras de mí.

"Dios mío, ¡gracias, gracias, gracias! Me has regalado una nueva oportunidad... ¡gracias!"

Quería saltar de alegría. Me parecía increíble que para mi jefe el bochornoso episodio hubiera sido algo chistoso y que pensara que el público acabaría por perdonarme. Pero no iba a cuestionarlo.

Minutos más tarde me dieron la asignación del día y me dispuse a hacer el mejor reportaje del mundo, al menos para mí. Quería que todos olvidaran el momento en que se me puso la mente en blanco y concluí en forma incoherente "en vivo".

Cada vez que realizaba un reportaje, recordaba las palabras de mi jefe: que con cada intervención en el noticiero la gente en casa olvidaría lo que pasó ese día y únicamente recordarían mi trabajo más reciente.

A finales de 1986, me tocó trabajar el día de Acción de Gracias. Sin embargo, me sentía feliz por el hecho de poder trabajar y haber sobrevivido a tan horrible incidente. Ese año trabajé todos los días feriados que nadie quería cubrir, no sólo Acción de Gracias, sino también Nochebuena y

Navidad, el 31 de diciembre y Año Nuevo. No me importó en lo absoluto, me sentía honrada de poder trabajar, más aún en televisión. ¡No podía creer que estaba realizando mis sueños!

4. Gracias a la vida

Antes de hablar de algunos de los reportajes que más recuerdo y el impacto que causaron en mí, quiero abordar mi vida anterior a mi trayectoria en la televisión. Si bien este libro no es una biografía, sí es una plática contigo, lector, lectora, que espero te resulte, además de entretenida, benéfica. Ya que aquí te ofrezco consejos que para mí han sido valiosos, tal vez sea importante que conozcas un poco más acerca de mi infancia, mis padres, dónde y cómo viví los veinte años anteriores a mis inicios como periodista.

Nací en un pequeño pueblito universitario llamado Greenville, en el estado de Pennsylvania, en el noreste de Estados Unidos. Mis padres, Myrka Blanca Aparicio Maza y el doctor Arístides Dellanos, ambos cubanos, salieron de Cuba por razones políticas. Se conocieron en la ciudad de Nueva York, pues mi padre le dio clases de inglés a mi madre. Según ella, el hecho de haber dejado a toda su familia en

Cuba la hacía sentirse muy triste y sola en la gran ciudad de Manhattan. En ese momento conoció a mi padre, dieciocho años mayor que ella, y en sólo tres meses decidieron casarse. Se mudaron a Greenville, donde ambos, profesores de Español y de Literatura Española, obtuvieron posiciones en el Thiel College. Años más tarde, nací yo en este pueblo repleto de profesores y estudiantes universitarios.

En los numerosos álbumes de fotos que mi madre me preparó a través de los años, observo que siempre estaba rodeada por jóvenes universitarios y mis *baby sitters* o niñeras eran alumnas de mis padres. Bueno, mi niñera verdadera era una adolescente amish, es decir, perteneciente a un grupo religioso ortodoxo cuyos miembros se concentraron en una zona de Pennsylvania. Los amish, que no pueden usar las comodidades modernas en sus hogares, no cuentan con electricidad ni agua potable; no usan botones en sus vestidos; las mujeres no emplean maquillaje alguno y deben cocinar todo de forma por completo natural... nada enlatado o empacado en cajas.

Recuerdo a Ella, mi primera niñera amish, con mucho cariño porque mi mamá solía hablarme de ella, de que era muy cariñosa conmigo y nos cocinaba platillos sabrosos. Otro aspecto interesante de estas personas es que no pueden estar sin trabajar durante el día, o sea, no pueden sentarse a escuchar música ni a ver televisión. Entonces, aunque mi madre quería que "Ella" descansara, "ella" no quería estar ociosa, así que siempre buscaba en qué trabajar.

Mi madre me comenta que, puesto que a finales de la década de 1970 todos los jóvenes en Pennsylvania querían aprender español, ellos no sólo impartían sus clases universitarias, sino que también lo enseñaban a alumnos privados que venían a nuestra casa.

En mi hogar, con dos profesores de Español y amantes de la lengua de Cervantes, no tuve más opción que aprender ésta primero. En mis primeros tres años de vida, sólo hablaba y entendía español. Esto hacía felices a mis padres... ya el inglés lo aprendería en la escuela, según ellos. ¡Qué sabios! Gracias a su sabiduría crecí siendo totalmente bilingüe, lo que me ayudó a obtener mi primer trabajo en televisión.

Mi padre, amante también de la música, invitaba a casa a otros profesores del Departamento de Español de la universidad y juntos se sentaban a escuchar boleros y baladas de antaño.

Es probable que los únicos hispanos en Greenville hayan sido mis padres y sus amigos profesores, motivo por el cual les agradaba verse por lo menos una vez a la semana para hablar en su idioma, conversar sobre lo que sucedía en el ámbito de la política en Latinoamérica, leer poemas y escuchar su música favorita en español.

Como es natural, años más tarde, cuando comencé a escuchar los boleros que fueron resucitados, me traían buenos recuerdos de mi niñez. Mi madre tenía discos de Armando Manzanero, Lucho Gatica, Olga Guillot, Ernesto Lecuona, así como de los inolvidables Frank Sinatra, Dean Martin, Nat King Cole y Sammy Davis Jr. La música siempre formó parte relevante de mi vida, en primer lugar porque mi madre y mi padre tocaban el piano y, en segundo lugar, porque desde pequeñita tuve contacto con las artes. Eso se lo agradezco infinitamente a mi madre, quien me hizo involucrarme en muchísimas disciplinas, de modo que más adelante yo pudiera decidir cuál me gustaba más. Además, conmigo resultó cierto lo que ella me decía: "Todo lo que puedas aprender, siempre te servirá de algo".

Por ejemplo, en Pennsylvania, a los tres años de edad, comencé a tomar clases de ballet y de tap. Toda mi vida me ha agradado sobremanera el baile.

Pese a que la mayoría de la gente a mi alrededor era estadounidense que sólo hablaba inglés, mis padres me inculcaron que si yo había nacido en Estados Unidos era por culpa de Fidel Castro —ellos salieron huyendo del comunismo— y que mi sangre era latina. Crecí consciente de que era una Latina nacida en Estados Unidos... ésa siempre fue mi identidad y aún lo es hoy.

Cuando yo tenía cuatro años de edad, mis padres decidieron separarse y mi madre y yo nos mudamos a Nashville, en el estado de Tennessee, ya que ella deseaba tomar clases con miras a obtener su doctorado en educación en la prestigiosa Universidad de Vanderbilt. Después de recogerme en el centro de atención infantil, me llevaba a las clases universitarias. Me explicó que debía permanecer "calladita" al lado de ella en el aula y así lo hacía; coloreaba y dibujaba en mi libretita.

En Nashville, mi madre y yo vivimos en un departamento y en mi habitación había una litera con dos camas, tipo camarote, de las que tienen una arriba y una abajo. Yo soñaba con que algún día tendría una hermanita y durante mucho tiempo pensé que tal vez esa otra camita en mi habitación pronto sería para un nuevo miembro de la familia. Como es obvio, una vez que mis padres se divorciaron, me di cuenta de que esa hermanita no sería hija de ambos, pero luego pensé que tal vez mi mamá podría adoptar a una niñita. Recuerdo de manera vívida que constantemente le rogaba que me trajera una hermanita. Otras veces, en mis oraciones, le pedía a Dios que me la enviara y hasta en mis cartas a Papá Noel repetía la misma solicitud.

En una ocasión, mi madrina —a quien, por cierto, le encantaba viajar por todo el mundo— iba a viajar a Japón de vacaciones y, como de costumbre, me preguntó qué deseaba que me trajera. Recuerdo, como si fuera hoy mismo, que me senté a su lado y le supliqué que me trajera una hermanita.

Su respuesta me dejó increíblemente feliz:

—Sí, Mirky, te traeré una japonesita, ya verás.

Lo que no supo es que en realidad yo le creí y en las semanas siguientes, mientras ella se encontraba en Japón, en lo único que pensaba era en mi nueva hermanita y contaba los días para que mi madrina regresara de su viaje con mi valioso regalo. Pero cuando ella me contestó que sí me traería a la niña, se refería a una muñeca, como las que me trajera de numerosos países.

No te imaginas mi tristeza y desilusión cuando supe la verdad.

Como en otras ocasiones, mi madre y yo viajamos a Miami a reunirnos con mi madrina y otros familiares para darle la bienvenida. Yo sólo esperaba ver a mi hermanita, a quien me imaginaba de cabello largo y negro y ojitos espigados, como suelen ser los asiáticos.

Lo primero que le dije a mi madrina, después de darle un beso, fue:

—¿Dónde está mi hermanita?

Enseguida ella se dirigió a su habitación y, al verla salir con una linda muñeca asiática, ¡se me derrumbó el corazón!

—Pero, ¿dónde está la niña? —le pregunté, ya temiendo lo peor.

Ella sonrió y me preguntó:

—¿No te gusta la muñequita? ¡Mira qué hermosa!

Era inconcebible, me había traído una simple muñeca, cuando la que yo deseaba era ¡de carne y hueso! No hablé más nada esa noche, porque me imaginaba que ella no se había dado cuenta de que en realidad sí esperaba una niña. Recuerdo que me senté a solas un rato, esperando que algún día mi sueño se haría realidad.

Cumplí cinco años de edad mientras vivíamos en Tennessee y para esa ocasión le pedí a mi madre un violín de regalo. Me había enamorado de la música y me ilusionaba tocar algún día el precioso instrumento en un gran teatro, como integrante de una orquesta sinfónica.

Sin yo saberlo, mi madre investigó y me compró un violín hecho a mi medida. El día esperado lo puso en mi cama, junto con otros regalos y una linda tarjeta. Además, me alegré mucho al enterarme de que mi madre ya había encontrado un profesor de música que se dedicaba a darles clases a niños pequeños.

Sin embargo, semanas más tarde cambié de opinión; como teníamos un piano en casa y estaba acostumbrada a ver a mi padre y mi madre tocarlo, decidí que ése sería el instrumento para mí. El día que le informé a mi madre sobre el giro en mi preferencia y que en realidad deseaba aprender a tocar el piano, aprendí una importante lección que me ha ayudado toda mi vida.

La respuesta firme de mi madre fue:

—Mirky, ésta será la única vez que podrás cambiar de idea sobre el estudio de alguna disciplina. Si decides comenzar algo, debes terminarlo. Porque tienes cinco años, te permitiré que estudies piano en vez del violín, pero recuerda esto y no lo vuelvas a hacer.

Luego me explicó que se había sacrificado para comprarme el preciado violín, que lo mandó a hacer de un tamaño adecuado para mí y que yo debía tomar en cuenta todo esto cuando hiciera una petición de esa magnitud en el futuro.

Sin olvidar sus palabras, estudié hasta graduarme como maestra de piano e incluso logré tener tres estudiantes.

Durante nuestra estancia en Tennessee, asistí a la escuela primaria llamada Peabody Demonstration School, que poseía una característica muy interesante: la mitad de los alumnos eran sordomudos. El propósito de la escuela, además del aprendizaje regular, era demostrar que los niños sordos pueden aprender a la par que los oyentes, siempre y cuando sepan hablar con señas. Para nosotros, los niños que oíamos bien, también fue una forma de aprendizaje, ya que nos hicimos más sensibles a aquellos con discapacidades. En vez de intimidarme o asustarme —como quizá les suceda a otros niños que nunca han convivido con pequeños con alguna limitación—, yo jugaba con ellos igual que con cualquier otro niño y lográbamos comunicarnos, aunque yo no supiera hablar a señas. Agradezco a Dios el que mi madre sea una mujer inteligente y sabia que se propuso enfrentarme a todo tipo de situaciones, ya que ésa es la mejor forma de adquirir una educación global.

A los siete años de edad, mi madre y yo nos mudamos a la ciudad de Miami; el divorcio de mis padres había finalizado y mi familia materna —tías, tíos, primos, mi madrina, etcétera— residía en la capital del sol. Estaba feliz porque me encantaba hablar español, comer comida cubana y escuchar música en mi idioma. Recuerdo que todo el viaje hacia Miami repetí con mucha alegría: "¡Nos vamos a Miami! ¡Nos vamos a Miami!".

Comencé el primer grado ya en Miami y me sentía dichosa rodeada de mis familiares. Comencé a tomar clases de piano, teoría musical y solfeo, y me dediqué a la música, gracias a

Judith Quintana, excelente maestra de piano. Luego, empecé mis clases de ballet con Martha Mahr, otra magnífica maestra, y de baile flamenco con la excelente profesora Luisita Sevilla. Recuerdo bien sus nombres porque ellas formaron parte muy importante de mi vida. Durante todos los años que pasé en la escuela, iba de clase en clase y de práctica en práctica; y es que todos los días, después de la escuela y de hacer mis tareas, tenía que practicar el piano o asistir a una de mis numerosas clases de baile.

Mi mamá me recogía en la escuela y me llevaba una merienda en el automóvil, en cuyo asiento trasero me cambiaba a mi traje de ballet o de flamenco, mientras ella conducía a la escuela de baile. Estuve tan ocupada a lo largo de todos mis años escolares que jamás tuve tiempo para meterme en problemas. ¡Y creo que por eso lo hizo mi madre! Aunque, claro, ella aducía que quería que yo aprendiera todo lo posible para que luego pudiera tener una amplia gama de intereses entre los cuales escoger mi profesión y mi pasión en la vida.

En la secundaria, cuando ya asistía a una escuela privada cristiana, aprendí a tocar la flauta en la banda de la escuela, me integré al coro escolar, fui porrista y participé en el equipo de corredores. ¡Todo esto además del piano, el ballet y el flamenco! ¡No sé cómo me quedaba tiempo para estudiar! Pero sí lo sé… es que todo mi tiempo libre lo pasaba estudiando o en los juegos de futbol americano o baloncesto en la escuela. Los fines de semana asistía al grupo juvenil de mi iglesia, donde realizábamos todo tipo de actividades. También tocaba la flauta y el piano en la iglesia los domingos, así que, en definitiva, en mi vida había múltiples actividades y nada de tiempo para salir con varoncitos. De hecho, mi madre me advirtió que el día que quisiera tener novio debía ser algo formal y ella misma sería mi chaperona. ¡Sí, chaperona! ¡Al igual que hacían con ella en Cuba! ¿Te imaginas? Bueno, pues así mismo fue. Toda mi adolescencia, hasta los diecinueve años de edad, cuando ya asistía a la universidad, mi madre iba conmigo a todas mis citas con jóvenes. Y, aunque digo "todas mis citas", en realidad no fueron muchas; no eran muchos los muchachos que desearan salir con una chica que tuviera que llevar a su mamá en el asiento posterior del coche. Ahora sé que esto requirió mucho esfuerzo por parte de mi madre, ya que ir contra lo que hace el resto de la gente es sumamente difícil. Sin embargo, ella reiteraba que no eran de su incumbencia las acciones de los demás, que por algo Dios me puso en sus manos y que su deber era protegerme lo más posible y llevarme por los caminos correctos.

A este respecto, hoy día le digo a Alexa, mi hija, que resulta mucho más fácil dejar a los hijos hacer lo que deseen en todo momento, pero que nuestro amor de padres nos induce a disciplinarlos y encaminarlos para que su futuro sea fructífero y esté colmado de bendiciones. Sé que ahora mis palabras le entran por un oído y le salen por el otro, lo mismo que me sucedía a mí, pero en algún momento adquirirán sentido en su vida… cuando tenga a sus propios hijos.

En la Universidad de Miami, decidí que mi especialidad principal sería el periodismo televisivo (*broadcast journalism*), con una doble especialidad menor en español y en música. Como parte de estos últimos estudios, mi instrumento fue el piano, aunque también formé parte de la coral de la institución.

Durante mis años universitarios siempre viví en casa con mi madre y como empecé un año antes de lo programado —ya que no tuve que estudiar el décimo primer grado en la secundaria... pasé del décimo al decimosegundo, que es el último—, no conducía aún ni tenía automóvil. Por consiguiente, a diario mi madre me llevaba a la universidad y pasaba por mí por la tarde. Como ella entraba a trabajar alrededor de las siete y media de la mañana, me dejaba en el plantel cerca de las siete. Las clases no comenzaban sino hasta las ocho, de modo que al marcharse mi mamá, iba directo a la biblioteca y muchas veces, en vez de estudiar, buscaba una mesa, ponía mis brazos sobre ella y mi cabeza sobre mis brazos y me quedaba dormida hasta el inicio de mi primera clase.

Durante los cuatro años que cursé mis estudios en periodismo, también trabajé en el Departamento de Comunicaciones de la Universidad de Miami. Mi trabajo consistía en contestar teléfonos, escribir cartas y ayudar a los maestros en todo lo que necesitaran. Mi tarea favorita en el trabajo era que me enviaran a llevar algo a otro edificio, ya que podía caminar con tranquilidad por todo el plantel y observar la naturaleza. Mi paso lento ocasionaba que muy a menudo me demorara tantito más de lo debido. Gozaba de esos momentos de reflexión personal.

Hablando de esto, siempre me ha agradado la naturaleza y muchas veces estudiaba debajo de un árbol cercano a un lago que hay en la universidad. Me serenaba admirar la creación de Dios para después concentrarme en un libro o simplemente pasar unos momentos en silencio, soñando despierta.

En esos años de estudiante, continuaba activa en el grupo juvenil de mi iglesia, igual que cuando era pequeña. Nos reuníamos en una sala de la iglesia todos los viernes en la noche y, además de cantar y tocar en la banda, realizábamos algunas labores grupales en beneficio de la comunidad. Visitamos varias cárceles y le cantamos a los presos; colaboramos en proyectos locales para ayudar a niños pobres y personas de bajos recursos, y nuestra meta principal era conocer lo que Dios tenía planeado para nuestras vidas e intentar seguir Su voluntad. Por supuesto, también asistíamos a retiros juveniles, salíamos de campamento y efectuábamos todo tipo de actividades para divertirnos junto en forma sana.

Creo que, aparte de mi madre, la iglesia me ayudó muchísimo a mantenerme firme en mis creencias y en lo que ella me inculcó en casa, mientras iba a la escuela y a la universidad, y luego en el mundo de los adultos. Además, casi todas mis amistades pertenecían a la misma iglesia o bien, asistían a otras. Tal vez al hecho de haberme criado en ese ambiente se deba que cuando llegué al mundo "real" era un poco más ingenua que los chicos de mi edad. En ese momento creí que eso era una desventaja, pero hoy me siento satisfecha por las experiencias únicas que viví, dado que me ayudaron a convertirme en la persona que soy ahora. En 1986, un año antes de lo programado, me gradué en la Universidad de Miami con honores y enseguida inicié mi trabajo en la radio.

Si algún mensaje quiero transmitirte en esta plática contigo es que en la vida no hay coincidencias y todo pasa por una razón, aunque en el momento preciso no podamos ver el panorama completo. Cada circunstancia es parte de un gigantesco rompecabezas y sólo Dios tiene la respuesta final. Disfruta y sácale el "jugo" a cada instante, intentando hacer el bien y avanzar por el camino correcto.

5. Reportajes que jamás olvidaré

Después de varios meses de trabajar en el canal 23 en la cobertura de homicidios, incendios, accidentes, escándalos políticos, disturbios raciales y todo tipo de noticias, me llegó una gran asignación. El Papa Juan Pablo II visitaría la ciudad de Miami y yo sería parte del equipo de nuestra cobertura especial. Era el año de 1987 y toda la ciudad se vistió de gala para recibir la visita del Santo Padre. Durante un mes antes de su llegada, se planificó con lujo de detalles la ruta por la que pasaría el papamóvil; dónde se colocarían las cámaras de toda la prensa local, nacional e internacional; dónde se llevaría a cabo la misa especial para los feligreses, así como toda la logística requerida para transmitir este magno evento a los televidentes en sus hogares. La policía destacaría a miles de sus elementos, hombres y mujeres, para asegurarse de que todo marchara a la perfección y el Papa tuviera la mejor seguridad posible.

A los miembros de la prensa se nos programó para ocupar diferentes posiciones a lo largo de la ruta papal, en tanto que otros estarían en la Santa Misa. A mí me tocó el recorrido papal, por lo que tuve que llegar a la Avenida Biscayne la noche anterior, antes de que se efectuaran los *security sweeps*, que es cuando la policía revisa toda la zona y la cierra al público para asegurarse de que todo esté bajo la máxima seguridad. Una vez que cierran las calles, nadie puede entrar ni salir de la zona. Los reporteros de diferentes canales, estaciones de radio y periódicos locales y nacionales nos situamos a lo largo de la Avenida Biscayne, por donde la mañana siguiente pasaría el papamóvil. Nos congregamos en un hotel, donde nos ofrecieron comida y refrescos. Como aún faltaban horas para el desfile del Santo Padre, las pasamos hablando. Unos comentaban sobre otros reportajes que habíamos hecho, otros sobre sus familias, otros sobre los detalles de lo que sucedería el día siguiente y otros sobre cualquier novedad en su vida.

Entre los reporteros que trabajan en "la calle" se crea una especie de camaradería: si a un compañero le faltan algunas imágenes, permites que use las tuyas o si cuentas con información que otro reportero aún no conoce, la compartes. Esto, aunque estén en canales diferentes o de la competencia, es algo que sucede con la mayoría de los reporteros "en la calle". Desde luego, toda regla tiene su excepción y nunca falta el pedante que esconde sus notas y se niega a ayudar a los demás. Ésos también son fácilmente identificables y nadie se mete con ellos. Pero puedo afirmar que, en su mayoría, todos los que trabajábamos en la calle nos llevábamos muy bien y nos divertíamos juntos mientras esperábamos las "buenas" historias como ésta.

Esa madrugada, todos, aunque desvelados, estábamos vestidos, listos para salir en cámara y con nuestras libretitas para tomar notas en mano. Aún faltaban varias horas para que amaneciera y como las calles estaban cerradas, las caminábamos con libertad, sin miedo alguno. Todos los que nos encontrábamos ahí teníamos un propósito afín: éramos miembros de los medios de comunicación que cubrían la gran historia del año o bien, personas cuyo mayor anhelo era ver al Santo Padre desfilar por la calle y tenerlo más de cerca que a través de la pantalla. Se respiraba un aire de tensa tranquilidad. Todos estábamos a la espera… a la espera de la noticia del momento.

Yo andaba con mi camarógrafo que, por cierto, no era el que solía trabajar conmigo. Éste pertenecía al departamento de deportes, pero como había tanto trabajo todos los camarógrafos de otros departamentos fueron asignados a este reportaje. Aunque no laboraba conmigo, lo veía con frecuencia en el canal y nos llevábamos bien. Entonces, mientras caminábamos, hablando de cosas no relacionadas con el trabajo, vi a un adolescente de unos trece años de edad tirado en la calle, recostado sobre la acera que hacía las veces de almohada.

—Espera, ahora regreso —le dije a mi compañero.

De lejos parecía que el jovencito estaba dormido, pero cuando me acerqué vi que sollozaba. Me dio lástima y le pregunté:

—¿Estás bien?

Un tanto incrédulo, él levantó la cabeza y movió la cabeza de lado a lado, señalándome que no, que las cosas no andaban bien con él.

—¿Qué te pasa? —insistí.

No estaba lista para lo que escucharía.

—Es que mi padre me odia —contestó con voz entrecortada.

Las lágrimas rodaron por sus mejillas. Me acerqué y me senté en la acera donde el niño aún recostaba su cabeza.

Él continuó con su historia de horror:

—Mi padre me golpea constantemente y antes de anoche me echó de la casa.

—Y tu madre... ¿Tienes a tu madre?

—No, bueno, sí... tengo a mi mamá, pero ella no hace nada. A ella también la golpea... no hay remedio.

Yo no sabía qué hacer ni qué decirle a este niño que tendría unos siete u ocho años menos que yo. No tenía experiencia con ese tipo de maltratos y era lo menos que pensaba que enfrentaría ese día. La tristeza del menor contrastaba con la algarabía que se sentía esa madrugada, de los creyentes y los periodistas que, felices, esperaban al Santo Padre.

Opté por inquirir:

—¿Qué haces aquí? ¿Cómo llegaste?

Levanté la cabeza y me di cuenta de que mi camarógrafo me miraba e indagaba a señas si todo estaba bien. Yo asentí y con la mano le indiqué que no se preocupara. El niño seguía llorando, más ahora que contaba lo que sucedía:

—Pues decidí venir aquí caminando.

—¿Caminando? —le pregunté asombrada, pues ya había comentado que vivía en otra ciudad, en las afueras de Miami.

—Sí, no sabía qué hacer y escuché que venía el Santo Padre a Miami; entonces, ésta es mi esperanza, verlo de cerca.

El niño llevaba unos zapatos con huecos y una vestimenta sucia y harapienta, pero lo que más me partía el corazón era pensar que no contaba con nadie en el mundo que lo ayudara. Sentí mucha compasión por él, porque gracias a Dios yo jamás había vivido un desprecio así. La pobreza se puede tolerar, pero el desamor y el desprecio pueden ser fatales, en especial para un menor de edad.

Incrédula, le pregunté:

—De manera que viniste aquí solo para ver al Santo Padre…

—Sí. Si lo veo de cerca, eso me dará fuerzas para seguir adelante.

"Ay, Dios mío, ¿cómo puedo ayudar a este pobre niño?", pensé.

Decidí pedirle a mi camarógrafo que se acercara. Me incorporé y le dije con rapidez:

—Tal vez este niño nos quiera hablar. Vino a ver al Papa.

El camarógrafo aún no entendía bien mis intenciones, pero no me cuestionó y encendió la cámara.

Me dirigí al niño:

—Mira, yo soy reportera del canal 23. Si quieres, puedes contarme tu historia ante la cámara; tal vez alguien te vea y pueda ayudarte. ¿Qué te parece?

Me miró con ojos inocentes, llenos de tristeza, y parece que sintió que podía confiar en mí, porque con una señal aceptó mi sugerencia.

Ahí, en la oscuridad de la noche que poco a poco se transformaba en un nuevo amanecer, le planteé varias preguntas a este jovencito cuya trágica existencia contrastaba con su gran anhelo de ver al Santo Padre como remedio divino. Contó que a él no le daban de comer en casa, por lo que buscaba su sustento en los basureros; que su padre lo odiaba y lo maltrataba casi a diario, sin razón alguna; que no iba a la escuela porque tenía que quedarse en casa haciendo los deberes de los adultos, y que ya no sabía qué hacer. Narró que vio en televisión que el Papa Juan Pablo II visitaría la ciudad de Miami y decidió caminar durante casi dos días enteros, sin probar bocado, con la esperanza de verlo de cerca.

A mí se me llenaron los ojos de lágrimas, aunque las reprimí porque debía estar en control de la situación y realizar un reportaje de forma profesional. Después de contarme su historia, el niño siguió tirado en la calle esperando la llegada del Papa. Le informé que yo estaría cerca de él y que, después de que pasara el Papa y lo viera, le haría otras preguntas ante la cámara para que me contara cómo se sentía. Él accedió y yo me incorporé al grupo de periodistas con el fin de prepararme para el resto de la cobertura.

Recuerdo que cerca de nosotros había varias camionetas de la policía, listas para resolver cualquier problema de seguridad que se presentara a lo largo de la ruta papal. Ya era de día, cerca de las ocho de la mañana, y pronto comenzaría el desfile. Nosotros situamos nuestra cámara cerca de la calle, listos para comenzar a rodar las imágenes del Santo Padre y de todo lo que sucediera a su alrededor. Había vendedores de sombreros, estampitas, camisetas, pancartas y todo tipo de souvenirs alegóricos a la histórica visita. La ciudad estaba casi paralizada aguardando a Juan Pablo II.

Pasados varios minutos, anunciaron el arribo del Papa y el inicio de su desfile a la hora marcada; en unos diez minutos pasaría justo delante de nosotros. La gente, más y más emocionada mientras esperaba y sudorosa bajo el radiante sol de Miami, tomaba agua de los termos que muchos habían llevado para la ocasión.

Los policías guardaban el orden, situados a lo largo de la barra de contención. Las cámaras rodaban, los micrófonos en alto. Todos estábamos preparados para desempeñar nuestro papel en este gran evento. Me volví para ver dónde estaba el niño de mi historia y él me saludó efusivamente de lejos. Estaba a unos tres metros de la barra de contención que separaba la ruta papal del público que observaba el desfile.

El semblante del niño había cambiado… ya no parecía el chiquillo triste y deprimido. Era ahora un jovencito con esperanza en los ojos. Estaba parado en las puntas de los pies y su cuerpo giraba de lado a lado para asegurarse de alcanzar a ver entre la gente. Ya se escuchaban los gritos, las banderitas de la Iglesia católica ondeaban y a lo lejos se distinguía la silueta del papamóvil. Le pedí a mi camarógrafo que apuntara la cámara al niño, para captar su reacción en el momento preciso en que viera al Santo Padre. Ya veíamos al final de la calle que el Papa estaría frente a nosotros en unos segundos. De pronto escuché gritos, pero éstos no eran de la gente, sino de un niño. Era el jovencito de mi reportaje que arrancó a correr, con los brazos en alto, hacia la barra de contención donde estaban los policías y justo enfrente del papamóvil.

Todo sucedió en un par de segundos, pero en mi mente lo reviví miles de veces en cámara lenta.

Mientras el niño corría, los policías fueron alertados y voltearon a verlo; observé que los agentes sacaron sus macanas y se dirigieron a él. ¡No podía creer lo que sucedía! El jovencito llegó a la barra de contención, pero no se detuvo ahí… empujó a la gente que estaba delante de él y comenzó a trepar la barrera. Cuando ya tenía una pierna del otro lado, vi cómo los policías lo agarraron con fuerza, lo lanzaron al suelo y lo golpearon.

—Pero ¿por qué lo golpean? —pensé en voz alta y les grité.

El jovencito, histérico, pateaba a los agentes del orden, quienes no sabían que tan sólo se trataba de un adolescente cuyo mayor anhelo y esperanza de supervivencia acababan de ser truncados.

Yo ya me había acercado a los policías y mi camarógrafo rodaba toda esta escena.

—El niño sólo quiere ver al Papa de cerca, por favor no lo golpeen —le insistí a los policías.

Uno de ellos me miró y respondió:

—Está intentando golpearnos. No tenemos otra opción.

En ese instante, le pusieron las esposas a la fuerza y lo cargaron, aún pataleando. Paralizada y furiosa, reclamé de nuevo a los policías, pero me ignoraron. Estaba a un metro escaso de ellos cuando el jovencito me vio y me pidió con los ojos que lo ayudara. Ya lo habían metido en la camioneta de la policía y yo no podía verlo, pero sí escuchaba sus sollozos de angustia.

¡Sabía su historia y me imaginaba lo desesperado que tendría que estar!

En ese momento decidí hacer algo. Fui a donde estaban los policías, ya calmados porque el jovencito estaba dentro de la camioneta.

—¿Por qué lo arrestaron? —les pregunté, aunque suponía que era porque intentaba sobrepasar la valla de contención.

Uno de los agentes vino a hablarme. Primero me dijo que me calmara y así lo hice, aunque seguía furiosa.

—El jovencito trató de subirse por la barra de contención y eso provocaría un caos en la seguridad; además, no podemos permitir que nadie haga eso porque significa un riesgo para el Santo Padre —me explicó con tranquillidad.

—Entiendo su posición, pero ¿por qué fueron tan fuertes con él?

El agente me miró un tanto sorprendido por mi osadía.

—Lo que el jovencito hizo constituye un delito y, por tanto, nos lo llevaremos arrestado.

—Mire, es que es un niño maltratado y por su edad no podrían ponerlo en la cárcel —repliqué.

—Estoy de acuerdo, pero por lo menos debemos detenerlo durante la visita del Papa y lo llevaremos a la estación de policía.

Una vez más, quise explicarle su precaria situación, le conté de los abusos de su padre, de la falta de comida, que su única esperanza era ver al Sumo Pontífice de cerca y este arresto arruinaría su vida.

—Nosotros no somos responsables de eso. No hay nada que yo pueda hacer —me contestó.

Entonces, le pedí su nombre y tomé el número del caso del jovencito. Además, le dije al policía que por favor le diera un papel con mi número de teléfono. No sabía cómo, pero quería ayudarlo. El policía accedió a darle el papel, aunque miró hacia arriba como diciendo: "Sólo Dios sabe lo que va a hacer esta niña".

Yo tampoco sabía con exactitud cuál sería el plan a seguir, pero en ese momento decidí que debía terminar mi reportaje. Por supuesto, lo más importante que viví ese día fue la triste historia de este niño que caminó tantas horas para ver al Papa y ¡terminó arrestado por su incontrolable pasión! Tenía todas las imágenes de lo sucedido y la entrevista con el niño antes de que todo esto pasara. Podría contar su historia y tal vez de esta forma alguien podría ayudarlo.

Así lo hice. Mi reportaje sobre la visita del Papa a Miami se enfocó casi por completo en la historia de un niño que ve en la visita del Santo Padre su única esperanza para sobrevivir al infierno de su hogar. Pero su pasión desbordada lo lleva a ser arrestado y golpeado por la policía. Fue una historia de fuertes contrastes y sin un final feliz. No sabía cómo sería recibida, pero, como periodista, sentí que era mi deber contarla. Ese día, salió mi reportaje en el noticiero de las seis de la tarde. El sur de la Florida escuchó los gritos de este jovencito y sus súplicas llegaron a los oídos de muchos. Las líneas telefónicas del canal 23 se abarrotaron de llamadas de personas que deseaban ayudarlo. Algunos querían ofrecerle empleo, otros estaban furiosos con la policía, otros ofrecían sus oraciones por él e incluso otros querían adoptarlo.

Quien era ya mi director de noticias en ese entonces, el distinguido periodista Guillermo Martínez Márquez, me llamó a su oficina. No sabía qué me diría. Tal vez lo llamaron del Departamento de Policía para quejarse porque yo les había gritado o quizá no le gustó que el enfoque principal de mi reportaje no hubiera sido la visita del Papa en sí, sino la triste historia de este niño de la calle.

"Bueno, aceptaré las consecuencias", pensé.

—Myrka, siéntate —me recibió con brusquedad.

Con expresión seria y firme, lo miré a los ojos. Estaba lista para defender mi reportaje.

—Bien hecho —me dijo, y sus facciones se relajaron un poco—. Buen reportaje. Y ahora ¿qué vas a hacer?

"Cómo que qué voy a hacer?", pensé y simplemente lo miré sin pestañear.

Él entendió mi mirada y me contestó:

—Bueno, le planteaste a los televidentes la tragedia de este jovencito, pero ahora tienes que demostrar si hay una solución y es que ya hemos recibido cientos de llamadas de gente que quiere ayudarlo.

Ahora sí pude aflojar mi mirada y mis labios y sonreí un poco:

—Por supuesto que sí, yo también he recibido las llamadas, le di mi número de teléfono al niño y lo que quiero es ayudarlo.

—En dos días quiero otro reportaje tuyo explicando lo que ha pasado con él. Buena suerte.

Y así, asignándome mi próxima misión, me despidió de su oficina.

Salí feliz porque a mi jefe le había gustado mi reportaje, pero nerviosa porque no sabía cómo comenzar a trabajar la historia que le daría seguimiento a ésta. Era un gran reto y me fui derechito a mi escritorio a comenzar a tomar las llamadas del público.

Muy pronto encontré a un padre de familia que ofreció que el jovencito fuera a vivir a su casa, a cambio de que trabajara los fines de semana en el negocio familiar. De esta manera, podría aprender un oficio, ir a la escuela y tener un lugar limpio donde vivir y comer. Enseguida llamé al departamento de policía, localicé al jovencito y le expliqué la situación. Él y el señor se pusieron de acuerdo y el chico se fue a vivir con esta familia. Gracias a Dios, la policía decidió cancelar los cargos contra él, ya que era menor de edad, y comprendieron que necesitaba una familia que le brindara el calor hogareño que sus propios padres le negaron.

Saqué un reportaje explicando cómo las llamadas de nuestro público habían dado fruto y le mostré a nuestros televidentes el final feliz de mi historia. Mi corazón estaba lleno de positivismo y esto me sirvió para confirmar lo que mi madre siempre me dijo, que si haces algo por otra persona, tú eres quien más ganas. La satisfacción que sientes al hacer feliz a otra persona, vale más que el oro.

Siete meses más tarde, mi jefe decidió presentrar mi reportaje sobre el niño y la visita papal a los prestigiosos premios Emmy. Ese año, en 1988, gané mi primer premio Emmy como periodista.

CRSO

Bien dicen que recordar es volver a vivir y mientras te cuento estas anécdotas revivo momentos muy especiales a lo largo de mi vida, momentos que me enseñaron lecciones inolvidables. Otro reportaje que recuerdo en forma muy especial fue cuando tuve que ir a la escena de un trágico accidente automovilístico.

Era poco después de las diez de la mañana, en un día soleado y caluroso, como suelen ser todos los de verano en la ciudad de Miami.

No me gustaba cubrir accidentes porque en realidad en este tipo de noticias te limitas a contar una tragedia, y nunca me ha gustado la idea de narrar algo en lo que no haya nada positivo. Pero, bueno, era mi asignación para ese día y tenía que hacerlo. Con esta introducción sabrás que este caso no era como el de la visita papal, asignación que me alegró sobremanera. Y así es cuando eres periodista, hay días en que te encanta lo que debes reportar y muchos otros cuando tienes que esforzarte por ser creativo y sacar un buen reportaje. En definitiva, ese día era uno de estos últimos.

Al llegar a la escena de los hechos, vi un automóvil hecho chatarra y de cabeza, pero lo más impresionante fue que por una de las puertas, que estaba entreabierta, alcancé a divisar con claridad un brazo humano ensangrentado. La escena me chocó de inmediato, aunque continué con mi trabajo.

Me era un poco difícil concentrarme en la información y miré hacia el otro lado para no tener que ver ese brazo ensangrentado, ni de reojo.

Por un momento mis pensamientos se desviaron y pensé en mi madre, ya que me informaron que era una mujer quien había fallecido en el accidente. También me dijeron que tenía una niña pequeña, como de unos cinco años de edad. "Pobrecita, pobre niñita, ahora qué vida tan difícil tendrá sin su madre."

Recordé casi instantáneamente que mi pobre madre, que perdió a su mamá a los siete años de edad, siempre me confió cuánto hubiese querido tenerla a su lado y cuánto la necesitó toda su vida. Pero, una vez más, procuré alejar esos pensamientos de mi mente para poder hacer mi trabajo.

Le pregunté a otros reporteros si se trataba de un accidente rutinario o si estaba involucrado un chofer borracho o perseguido por la policía. Me explicaron rápidamente que no estaba de por medio una investigación criminal, sino un simple accidente aparatoso que resultó en la muerte de una joven mujer. Por lo regular este tipo de notas ni siquiera llega al noticiero; como los accidentes automovilísticos están a la orden del día, los noticieros estarían repletos sólo de esto y no habría espacio para otras noticias de crímenes, juicios, desastres naturales, etcétera; ya sabes, lo que sueles ver en los programas de este tipo. Sin embargo, los encargados de las asignaciones siempre envían a algún reportero para ver qué sucedió con exactitud. Y, aunque al final del día cancelen el reportaje, la diligencia de recopilar la información debe hacerse.

Ese día me tocó a mí cubrir esta nota que no tendría consecuencia alguna, al menos para nuestro público, pero que a mí en lo personal sí me tocó el corazón. La lección que aprendí perdura hasta hoy y me ayudó a forjar mi propio estilo en el periodismo.

Te explicaré por qué.

Resulta que para saber con precisión lo que ha acontecido en una situación como ésta, el reportero debe hablar con el agente policiaco a cargo de la prensa o, como se dice en inglés, *PIO* (*Police Information Officer*). Siempre hay uno de estos agentes en las escenas policiacas para que todos los miembros de los medios de comunicación reciban información uniforme y no haya malos entendidos. Yo corrí a donde el policía para que me diera la versión oficial de este accidente.

"Concéntrate, Mirky, concéntrate", me decía, pero mis pensamientos volvían a lo mismo: "¡Ay, Señor! Protege a esa pequeñita a quien de hoy en adelante le cambiará la vida."

Ésa fue mi oración silenciosa mientras buscaba al policía al que iba a entrevistar. Por fin lo encontré y, justo antes de comenzar a grabar, me tomó del brazo levemente como para que la cámara no escuchara sus palabras. Pensé que me proporcionaría algún dato delicado sobre el accidente.

—¿Sí...? —le dije en forma inquisitiva, en un intento de enmascarar mi tristeza.

Enseguida me preguntó:

—¿Eres nueva?

—Sí, empecé como periodista aquí hace sólo unos meses —contesté, sin saber aún por qué me lo preguntaba.

Me cruzó por la mente que tal vez lucía muy joven, como ya me habían comentado, y que el oficial me regañaría por alguna cosa... tal vez había hecho algo que no era correcto en la escena de un accidente.

Siempre fui bastante seria con respecto al trabajo, en particular este día, cuando en realidad me sentía muy mal por las circunstancias de ese accidente que para todos los demás periodistas parecía ser algo rutinario. Observé al policía, esperando saber qué quería decirme, pero no pronuncié otra palabra.

Me miró con intensidad y me aseguró:

—No te preocupes, es duro ver estas cosas, pero en unos meses más este tipo de notas sangrientas no te afectarán para nada.

Atónita, acerté a responder:

—¿Cómo que no me afectarán?

—Sí. Cuando ves tantas cosas horribles acaban por no molestarte, se convierten en algo común y corriente.

El oficial lo dijo en un intento para hacerme sentir mejor, pero a mí me horrorizó su explicación. Al ver mi expresión no comprendió por qué parecía estar más disgustada, cuando él sólo deseaba consolarme y hacerme sentir mejor.

Agradecí su intención de ayudarme, pero no podía quedarme callada. Entonces le contesté:

—No, a mí siempre me afectarán estas escenas trágicas porque me pongo en el lugar de las víctimas.

El policía no entendió bien mis palabras o, mejor dicho, las oyó pero no entendió por qué estaba tan segura de que siempre quedaría afectada... era como si le hablara de algo por completo ajeno a él.

Yo insistí. Quería por todos los medios que me comprendiera y tal vez se lo expliqué con tanto detalle porque deseaba confirmarme que jamás olvidaría lo que aprendí en ese instante.

—Es que yo quiero que estas cosas no me dejen de afectar porque el día que eso suceda, no podré reportar mis historias de una forma sensible. Y si pierdo esa sensibilidad, dejaré de ser el tipo de periodista que quiero ser.

—Mi hijita, no sabes lo que dices... ya verás... hablamos en un año —replicó, con una mirada de lástima.

Me acerqué a mi camarógrafo y la cámara comenzó a rodar mientras el agente me daba los detalles del accidente. De ahí me fui a cubrir otras noticias del día, pero las siguientes horas pensé, una y otra vez, en las palabras de este policía veterano que me aseguraba que muy pronto las noticias trágicas no penetrarían mi corazón.

"No puede ser... ese señor está loco... yo jamás quiero perder mi sensibilidad... Dios mío, no dejes que eso suceda."

La nota y las imágenes trágicas de esa madre que perdió la vida en una calle de Miami no se presentaron en el noticiero de esa tarde. Era algo demasiado común. Pero yo nunca olvidaré la imagen de ese brazo ensangrentado. Y, si bien no vi la cara de aquella joven madre, recuerdo el aprendizaje que aún conservo dentro de mí. Ese día me hice el firme propósito de no convertirme en una periodista insensible que cubriría cada nota como si fuera una tragedia más. Hasta el día de hoy, sé que por cada noticia trágica que contamos, aunque parezca la más rutinaria, hay personas que lloran y lamentan ese infortunio y tenemos que pensar en ellas.

A lo largo de los años, han pasado por mis ojos numerosas historias que me han tocado el corazón, unas más que otras, pero siempre he rezado una pequeña oración por las víctimas invisibles que jamás conoceré, que viven con las huellas de esa tragedia que yo he reportado.

⚜

Tiempo después, la ciudad de Miami estalló en llamas y los ánimos estaban caldeados en todo el sur de la Florida debido a disturbios raciales, provocados por la muerte de un hombre negro a manos de un policía hispano. La noticia corrió como la pólvora y todo el país estaba a la expectativa de lo que sucedería en el juicio. Al declarar el jurado inocente al policía del cargo de homicidio, la comunidad afroamericana de la ciudad, sintiéndose agredida y herida, estalló en violencia. Miami se dividió en dos bandos, uno a favor y otro en contra del policía. Liberty City y Overtown, las zonas más pobladas por afroamericanos, de manera literal estallaron en llamas.

Esa tarde las cosas iban de mal en peor y tres equipos de reporteros y camarógrafos se encargaban de cubrir todos los ángulos de los disturbios: uno en el departamento de policía de la ciudad de Miami, para estar al tanto de la versión de las autoridades, otro en Liberty City y otro en Overtown. La violencia comenzó a expandirse y los maleantes, que siempre se aprovechan de este tipo de situaciones, entraron a la zona de Coconut Grove. Todos los que montábamos guardia en la sala de redacción, escuchábamos las noticias provenientes de los radios policiacos y del departamento de bomberos.

Mi mamá me llamó para asegurarse de que yo me encontraba dentro del canal y me pidió que le avisase cuando fuera para la casa porque estaba un tanto preocupada. La policía solicitaba por todos los medios noticiosos que los ciudadanos mantuvieran la calma y permanecieran en sus hogares. Un grupo de maleantes lanzaba piedras gigantescas en las vías principales de la ciudad y constantemente se veían imágenes de negocios en llamas, automóviles quemados y chocados. La situación parecía haberse salido de control. Todos los reporteros en la sala de redacción estábamos pendientes de la información más reciente y listos para salir en cualquier momento.

¡Triunfa y sé feliz!

Mi vida personal

Mi fotografía de recién nacida (a los tres meses) con mi padre,
el doctor Arístides Dellanos, y mi madre, Myrka Dellanos Aparicio.

A los dos años de edad, en Greenville, Pennsylvania.

A los dos años de edad, posando para la cámara.

Lista para la escuela de
baile. Dos años de edad.
Pennsylvania.

En mi casa de Pennsylvania.
Tenía tres años de edad.

En Pennsylvania, a los tres años de edad,
haciendo maromas en casa.

Clases de ballet; yo estoy adelante.
Cuatro años de edad.

¡Siempre me gustó la televisión!
Frente al canal 5 de Nashville, Tennessee, 1971.

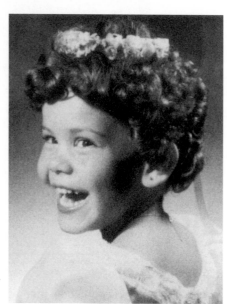

A los cinco años, con mi acostumbrada sonrisa.

En mi séptimo cumpleaños, rompiendo la piñata, 1972.

Durante un examen de piano a los ocho años de edad.

En Miami Beach, a los ocho años de edad.
Me encantaba nadar en la piscina.

En la Riviera francesa, a
los nueve años de edad.

Desde los siete años bailé ballet. Aquí tenía nueve.

Lista para mi recital de flamenco, a los diez años de edad.

Ya a los doce años, me encantaba lanzarme del trampolín más alto. Miami Beach, 1978.

En las clases de ballet. Tenía trece años de edad.

El día de mis quince años,
con el vestido que yo escogí.

Aquí, de 25 años, acompañada de mi ex esposo, Alejandro,
el padre de Alexa.

Me encanta la música de mariachi. En mi *baby shower*,
embarazada de Alexa, en 1993.

Recibiendo flores en mi cumpleaños número veintiocho,
en la oficina de Univisión (estaba embarazada).

Con Mickey y Alexa, cuando celebramos su tercer cumpleaños. Enero de 1997.

En 1999, arreglándome en casa para mi segundo matrimonio.
En mi recámara con Alexa.

Con mi segundo esposo, 1999.

Con Alexa en el altar de la iglesia en mi segundo matrimonio, 1999.

En Hawai; durante mi luna de miel. Septiembre de 1999.

Con Alexa y una amiguita en un crucero por el Caribe, 2001.

Con mis buenas amigas. De izquierda a derecha:
Yami, Arly, yo y Vanessa.

Mis dos tesoros, mi hija Alexa y mi madre.
Día de las madres, 2005.

Quiero que entiendas que, como periodistas, amamos las noticias de último momento y la adrenalina que nos invade cuando tenemos que cubrir estas notas sobrepasa cualquier temor. Por tanto, yo me sentía encajonada en esa sala de redacción. Deseaba estar afuera, ¡donde se desarrollaba toda la acción! Le comuniqué a mi jefe mi disposición a salir a reportar sobre esta nueva ola de violencia. Él me contestó que, si bien todo parecía bajo control, todos estábamos en *stand by* (al pendiente) hasta que la policía anunciara que la violencia había terminado.

Media hora más tarde, nos percatamos de que la mayoría de las estaciones de televisión interrumpían su programación para presentarle a sus televidentes información actualizada de lo que sucedía, ya que el público estaba advertido de que debía permanecer en casa. Las imágenes no eran de gente en el proceso de tranquilizarse. Por el contrario, la situación se agravaba. Por fin, la policía anunció la emisión de un toque de queda en la ciudad; nadie podría estar en las calles después de las once de la noche.

Llamé a mi mamá, le dije que estaba en la oficina y que ahí tendría que seguir hasta que la situación se calmara.

—Ay, Mirky, mi hijita, ten cuidado —me recomendó.

—Mami, ¡por favor! No te preocupes… no va a pasar nada.

—Está bien, hija. Que Dios te bendiga.

—Sí, mami —le respondí mirando hacia arriba, preguntándome por qué se preocupaba tanto.

Al colgar escuché que uno de los camarógrafos salía corriendo y me llamaba:

—Myrka… Myrka… *we're out of here!* —gritó en inglés (¡Vámonos!).

Mi corazón comenzó a latir más fuerte, pero no por miedo sino por la emoción. Me moría de ganas de ver de cerca lo que sucedía en la calle.

—¡Tengan cuidado! —nos gritó el director de noticias.

Agarré mi bolso y mi chaqueta y salí al estacionamiento, donde ya nos esperaba una camioneta. Pero no la de siempre, que era como un anuncio ambulante de la estación "El Canal 23", sino una camioneta *undercover* (encubierta) sin ningún letrero. Estas camionetas se usaban en situaciones en que los reporteros pueden ser el blanco de los ataques.

Yo no pensé en eso, lancé mi bolso hacia atrás y me senté adelante, al lado del chofer. Así, el camarógrafo iría en el asiento posterior y podría abrir una de las puertas laterales para filmar con la camioneta en marcha. Además, yo quería ir adelante para ver con exactitud lo que sucedía y también poder salir rápidamente por la puerta de mi lado. Por lo regular conducíamos el camarógrafo o yo, pero esta vez nuestro equipo era de cuatro personas: el camarógrafo, un productor, otro joven que ayudaba a éste y yo.

Mientras nos dirigíamos a la zona de conflicto, observamos que las calles estaban prácticamente desoladas. Sólo había un policía en cada esquina que intentaba mantener el orden. Al acercarnos a nuestro objetivo, pudimos divisar humo a lo lejos. Manteníamos comunicación constante con la sala de redacción por medio del radio con que contaba cada camioneta de noticias. Estaba feliz por cubrir este evento; sería testigo presencial de hechos que luego formarían parte de la historia de nuestra ciudad. Siempre he afirmado que ése es el privilegio del periodista: estar en lugares históricos en momentos históricos y ser el único, además de los protagonistas, que puede presenciarlo todo en persona.

Recuerdo que el joven ayudante del productor estaba algo nervioso. Era su primera vez en una situación peligrosa como ésa y hablaba un poco de más.

—¡Ya veo las llamas, será mejor que nos alejemos! —gritó.

—No, debemos acercarnos aún más y luego bajarnos de la camioneta para obtener las mejores imágenes —aduje yo.

—Myrka, *are you crazy?* (¿Estás loca?)

Por fin el camarógrafo y yo le dijimos que se calmara, que él no tenía que bajar de la camioneta, que nosotros seríamos los que obtendríamos las imágenes. De hecho, recuerdo que el camarógrafo, que era muy buena persona, ofreció bajar solo a filmar algunos edificios en llamas para que yo pudiera permanecer también en la camioneta.

—Total, si tengo las imágenes, ya tú podrás reportar sobre ellas.

—No, no, no —respondí—, necesito bajarme y ver de cerca todo lo que ocurre para poder informar bien.

No era justo que él se enfrentara por sí solo a la situación.

Cuanto más nos acercábamos, la oscuridad aumentaba por el intenso humo de los edificios en llamas. De pronto salieron unos hombres a las calles y nos lanzaron botellas y palos. Yo, que mantenía semiabierta la puerta mientras conducíamos despacio, hube de cerrarla de inmediato para protegernos.

—¡Se los dije, se los dije! —repetía el ayudante— ¡vámonos ya!

—¡El loco eres tú! —le recriminó el camarógrafo—, ¿cómo nos vamos a ir? Estoy filmando estas imágenes y no nos vamos hasta que termine!

Yo miré al muchacho que, en vez de guardar silencio, seguía discutiendo.

—¡Mejor te callas ya! ¡Tenemos que hacer nuestro trabajo! —le dije con firmeza.

Detesto discutir con la gente, pero no había opción. En realidad debíamos trabajar con rapidez, filmar lo más posible y regresar a "base" —como llamábamos a la sala de redacción— para editar las imágenes y sacarlas *al aire* enseguida.

—Esto no es para mí… no… no... no —gemía el chico, tembloroso.

"Pobrecito, esto definitivamente no es para él, pero para mí, sí lo es", pensé en ese momento.

Decidimos conducir hacia una calle aledaña, donde se había desatado un nuevo brote de violencia, porque no podíamos bajar del vehículo en medio de esa locura. Además, la presencia de la camioneta sólo caldeaba los ánimos aún más, porque en ese tipo de circunstancia la gente no piensa y cuando ve a los periodistas se comporta incluso con mayor violencia, como para conseguir que su opinión cuente. Estacionamos la camioneta en una gasolinera, bajamos el camarógrafo y yo, y caminamos en la oscuridad hacia donde se lanzaban botellas y palos en llamas. Nos quedamos en una esquina, cerca de un poste de electricidad; como la gente había destruido las lámparas de la cuadra, todo estaba oscuro y nadie podía vernos de lejos. Sin embargo, podíamos filmar en la noche porque la zona era iluminada por las propias llamas. Pasados unos quince minutos, de repente vimos que los jóvenes que corrían con palos y botellas venían en nuestra dirección.

—¡Corre, vámonos! —exclamamos.

Me eché a correr y con los brazos le hice señas al chofer de la camioneta que encendiera el motor y abrieran las puertas para alejarnos de la zona lo más pronto posible. Cuando entramos el ayudante más joven nos dijo, con voz entrecortada, que una camioneta de noticias de otra estación había sido incendiada y los productores en "base" querían que regresáramos con las imágenes que tuviéramos porque la policía acababa de ordenar que los periodistas también desalojaran la zona; nuestras vidas peligraban.

La noticia con las nuevas imágenes debía salir al aire lo más pronto posible. Mientras conducíamos a toda velocidad hacia el canal, yo escribía en mi libretita lo que sería mi nota; así, tan pronto llegué a la sala de redacción, ya con mi reportaje escrito, pude grabar y editar con rapidez. En unos veinte minutos sacamos al aire la nueva información con las imágenes más actualizadas de la ciudad de Miami "en llamas" por los disturbios raciales.

Fue una experiencia que me dejó con la sed de más noticias. Recuerdo haber pensado esa noche: "Amo mi profesión. Gracias, Dios mío, por el privilegio de hacer algo que tanto me gusta… gracias". Diciendo esas palabras una y otra vez, cerré los ojos en la seguridad de mi cama esa madrugada.

CRED

Llegó el invierno de 1990 y, al igual que en los años anteriores, sabía que tendría que trabajar el 25 de diciembre, el día de Navidad. Este año, por primera vez, me tocaría libre el primero de enero, o Año Nuevo, lo que significaba que podría salir a divertirme el 31 de diciembre. Eso me hacía sentirme feliz en esas fiestas.

Por lo general, a quienes trabajábamos el día de Navidad nos tocaba cubrir noticias especiales y alentadoras, por ejemplo, la de un comedor que servía una cena a los desamparados de la ciudad o —como me tocara en años anteriores—, las notas sobre los niños enfermitos en el Hospital Infantil o un centro para ancianos. Aunque es un día feriado, en el cual todos queremos estar con nuestras familias, sabemos que las noticias no se detienen y alguien tiene que trabajar. Resignada a hacerlo, me disponía a disfrutar de cualquier asignación que me dieran, ya que la mayoría de las veces terminábamos con reportajes que evidenciaban que aún estaba vivo el verdadero espíritu navideño.

Casi siempre recibíamos nuestra asignación para el día de Navidad en la mañana del 25, al llegar al trabajo. Pero este año, mi director de noticias me dijo:

—Myrka, tengo algo para ti, ¿qué te parece viajar a Guatemala para el día de Navidad?

—¿Guatemala? Perfecto, nunca he ido y me encanta viajar.

—Bueno, no es un viaje de vacaciones, irás a llevarles un cargamento de juguetes a los niños más pobres del país.

—¡Me fascina la idea! ¿Cuándo salgo?

Partimos para la ciudad de Guatemala en la madrugada del 25 de diciembre, pero no en un avión común y corriente. Cuando llegué al aeropuerto me llevaron directo a la pista, pues no viajaría en una aerolínea comercial. Dado que se trataba de una asociación caritativa que reunió las miles de cajas de regalos para los niños pobres, consiguieron que una empresa donara su avión para el traslado de los paquetes. Por tanto, mi camarógrafo y yo viajamos nada menos que en un avión de carga,¡ con dos caballos y una vaca! Al entrar al avión, vi que sólo había dos asientos, uno para mi camarógrafo y otro para mí.

—¿Qué es esto? —le comenté al camarógrafo, sonriendo porque siempre me han divertido las aventuras o las cosas fuera de lo común.

—No sé —contestó, sonriendo también.

Ambos estábamos listos para la aventura y eso me hizo sentir dichosa.

Luego de sentarnos, el piloto nos explicó que se trataba de un avión de carga que usualmente trasladaba animales, pero que esta vez nos llevaría a nosotros en nuestra misión de llevar los regalos a los niños pobres y de filmar sus sonrisas. Ésa fue nuestra asignación navideña.

Al llegar a Guatemala, en el mismo aeropuerto privado nos esperaban cientos de niños que habían esperado ahí bastante tiempo para recibir su único regalito de Navidad... para muchos, el primero de sus cortas vidas. A mí me encargaron la tarea, mejor dicho, el honor, de entregar esos regalos a los pequeños, mientras mi camarógrafo filmaba la ansiedad en sus inocentes caritas. Como yo fui la designada para darles los regalos, me gané, de modo gratuito y sin merecerlo, el cariño incondicional y los besos de los pequeñines. ¡No se imaginan lo bien que me sentí! ¡Cuán cierto es el refrán que reza: "Mejor es dar que recibir"!

Pasamos varias horas con los menores y repartimos golosinas y refrescos. Les confieso que me senté a disfrutar algunos caramelos con ellos y por unos minutos me sentí como una niña más del grupo. Al mediodía tuvimos que despedirnos y abordamos el mismo avión de carga de regreso a Miami, esta vez sin los animales.

Durante el viaje escribí mi nota y alisté todo para que, al llegar, pudiera ir directo a la cabina de la sala de redacción, grabar, editar y sacar nuestro reportaje en el noticiero de la noche. Así lo hice y me senté frente a los monitores para verlo.

Había sido un día largo y estuvimos en pie casi veinticuatro horas seguidas, pero ¡valió la pena!

El reportaje quedó precioso y hasta le pusimos música navideña con sonido de cascabeles de fondo. Aunque extenuados, mi camarógrafo y yo nos saludamos con palmadas al aire (el famoso *high-five*) mientras veíamos el reportaje, complacidos por haber realizado un buen trabajo de equipo. No hay nada mejor que la sensación de que has hecho algo bien y, además, tuviste la oportunidad de dibujar una sonrisa en el rostro de alguien menos afortunado que tú.

Una vez más llamé a casa para desearle "Feliz Navidad" a mi madre. Le informé que había ido y llegado bien de Guatemala en un día, y ya partía a casa para descansar. Esa noche, mientras conducía para allá, escuchaba los cánticos navideños por la radio y, al pasar por las zonas residenciales, veía que en casi todas las casas había un buen número de autos, lo que significaba que muchos estaban reunidos festejando la Navidad con sus seres queridos y familiares. Como ya era costumbre, yo la pasé trabajando y alejada de mi familia, pero me sentía satisfecha y bendecida. En primer lugar, porque trabajaba en algo en lo que jamás me aburriría pues cada día era por completo distinto. En segundo lugar, porque en esta Navidad había podido tocarle el corazón a esos pequeñitos y todo gracias a mi trabajo.

"Gracias, Dios mío, soy tan afortunada… gracias."

❧❧

En los años siguientes, cubrí muchísimos huracanes que azotaban el sur de la Florida. Estaba acostumbrada a los avisos respectivos y a viajar hacia los vientos huracanados mientras el resto de la ciudad huía de ellos y de las zonas de evacuación. Quienes vivimos en la Florida y otros estados que son azotados por estos fenómenos, ya conocemos la rutina de almacenar víveres y agua, tener un generador por si se va la electricidad, poner planchas de madera en las ventanas si no son a prueba de impacto, o huir a otro estado más seguro.

Sin embargo, lo que hay que hacer cuando eres periodista es bastante distinto. Por supuesto, tienes que dejar tu hogar en orden, con todo cerrado a prueba de vientos huracanados, con víveres extra y suficiente agua en caso de que no haya agua potable por varios días, en fin, todo lo que se le aconseja al resto de la ciudadanía. Pero, en vez de quedarte en casa con tus familiares y seres queridos, como suele hacer la mayoría de la gente, el periodista debe dejar todo preparado y luego ir a la oficina o sala de redacción, a la espera de lo que suceda.

Recuerdo un año que había aviso de huracán para los cayos de la Florida y el tráfico de salida era terrible porque sólo existe una carretera de una sola vía. Como los cayos están bajo orden de evacuación cuando llega un huracán, todos salen de ellos en masa. Pues mi camarógrafo y yo íbamos en dirección contraria del resto de la gente y, cuanto más viajábamos, más intensos eran los vientos y la lluvia. Por lo general las autoridades permiten que los representantes de los medios lleguen hasta cierto punto de la zona de evacuación para llevar a cabo los reportajes y mostrar las imágenes. Pero después, por razones de seguridad, cuando el huracán está a punto de llegar, hasta los reporteros tienen que despedirse de sus televidentes y guarecerse.

Cuando se acercaba un huracán a las costas de la Florida, todos nosotros, los periodistas, estábamos en alerta. Fueron muchas las ocasiones en que mi camarógrafo y yo viajábamos escuchando por la radio los avisos de que los vientos llegaban a unas cincuenta millas por hora, lo cual es ya bastante peligroso y si no te sujetas a algo, puedes caer si estás al aire libre. Todos llevábamos nuestros impermeables de Univisión 23 y así, bajo la lluvia y los fuertes vientos, grabábamos los reportajes para mostrarle al público la seriedad de la situación y advertirle que debía permanecer en casa y no andar en automóvil. Todos los reporteros nos cruzábamos en estas misiones y muchas veces éramos hospedados en los mismos hoteles. Por consiguiente, formábamos grupos para almorzar, cenar y reír por el hecho de que éramos los únicos "locos" en la calle, cuando el resto de la gente ya estaba en casa o en albergues seguros.

Al cubrir noticias de desastres naturales, estás a la expectativa de las imágenes que vas a usar. O sea, averiguas la información exacta en cuanto a zonas de evacuación, la categoría del huracán, la velocidad de los vientos y cualquier dato que la policía o las autoridades locales deseen transmitirle al público. Todo esto lo recopilas para incluirlo en el reportaje; luego usas las imágenes de las calles desoladas, o las casas con planchas de madera en las ventanas, o tal vez, la gente aún haciendo compras de último minuto, y así preparas tu reportaje.

Yo cubrí muchísimos "avisos" de huracanes y varios que tocaron tierra, pero ninguno con tal devastación y pérdida de vidas como Andrew, que llegó en 1992. Ya para ese año, estaba casada y había hecho numerosos reportajes sobre avisos de huracanes en Miami y las zonas aledañas. Cuando se repartieron los "turnos" para los reporteros, a mí me tocó ir a dormir en casa esta vez, pero sabía que tendría que trabajar temprano por la mañana después del azote del huracán.

La gente de la costa este de Estados Unidos que debe lidiar con huracanes por lo menos sabe cuándo van a llegar y, por tanto, puede hacer planes. Siempre he sentido gran compasión por los habitantes de la costa oeste de Estados Unidos y de otros países como México que están a la merced de los terremotos, ya que ésos siempre llegan como un ladrón por la noche y ellos no pueden reunirse en casa y prepararse para su llegada.

De regreso con Andrew, todos los pronósticos vaticinaban uno de los peores huracanes del siglo y el sur de la Florida se alistaba lo mejor que podía. En ese entonces, yo vivía en un departamento frente al mar, que se consideraba en la zona de evacuación, así que mi esposo, mi madre y yo fuimos a casa de mi ex cuñado y ahí, con todas las ventanas bloqueadas por gigantescas tablas, enfrentamos el huracán.

No dormimos en toda la noche escuchando los ruidos dantescos de una intensa lluvia con truenos y relámpagos. Además, se oía un zumbido constante que resultaba abrumador y de repente, comenzó a entrar agua por debajo de las puertas. Pasamos varias horas exprimiendo las toallas mojadas que poníamos y quitábamos de las puertas consecutivamente. Hubo un momento en que las paredes se movían y las puertas temblaban, ¡no sabíamos si la casa sobreviviría el azote de este desastre natural! Fuimos de los pocos afortunados, ya que luego nos dimos cuenta de que miles de hogares resultaron dañados, incluso la casa de mi ex cuñada, a la que se le voló el techo. Para sobrevivir, ella y sus hijos tuvieron que esconderse dentro de un baño.

La mañana siguiente, a la salida del sol, ya había pasado Andrew y todo Miami comenzó a salir a las calles para presenciar la devastación. Enseguida sonó mi *beeper*; de Univisión me avisaban que me presentara en la oficina para salir a reportar sobre lo sucedido.

Fue muy triste dirigirme al trabajo y ver el cambio drástico en el panorama de la bella ciudad. Por doquier había árboles caídos; casas sin paredes ni techos; cimientos de estructuras que habían volado a merced de los poderosos vientos huracanados; semáforos tirados en medio de las calles; no había servicio eléctrico.

Era un verdadero desastre y a esa hora temprana de la mañana, en ese caluroso día de agosto, comenzaron a llegar las noticias del número de muertos y desaparecidos, de personas heridas y otras que habían quedado en la calle y tenían que buscar albergue.

Era increíble lo que presenciaba y, en medio de esa tristeza por el dolor ajeno, le di gracias a Dios por el hecho de que todos mis seres queridos estuvieran bien. Aún no sabía si mi departamento en el piso quince de un bonito edificio había sobrevivido intacto, pero eso era lo de menos en ese momento. Además, no lo vería sino hasta varios días después, ya que tuve que trabajar sin parar los tres días siguientes.

La tarea de un periodista en una situación de desastre como ésa es por completo distinta de la de todos los días porque las situaciones que enfrentas son extremas. Todos los reporteros salíamos por la mañana y nos dirigíamos al área más devastada por Andrew. Se erigió una ciudad de tiendas de campaña a la que rápidamente se llamó *Tent City*, en la cual se alojó a miles de familias desplazadas por el huracán. Día a día, ésa era la historia principal en todos los noticieros y sacamos cientos de notas sobre casos específicos de muertos y desaparecidos, hogares destruidos y sobrevivientes que empezaban a reconstruir sus hogares.

A mí me tocó ir a Key Biscayne, una isla de Miami donde se ubican algunas de las mansiones más lujosas del estado, frente a mar abierto. El Cayo, como lo llaman, es una zona de evacuación. Cuando pudimos entrar dos días después del huracán, el lugar estaba irreconocible. Las playas con las preciosas palmeras gigantes que representan en todas las películas a la capital del sol eran otras, los árboles estaban peladitos... ¡no les quedaba una sola hoja!

Pese a que realizar todos los días reportajes sobre tanta devastación y tristeza nos cansaba un tanto, nos percatamos de algo que se reportó en todos los medios: el espíritu de cooperación surgido entre todos los miamenses. A diario nos enterábamos de vecinos que albergaban a otros que se habían quedado sin hogar, iglesias que abrieron sus puertas a los desamparados y empresas de todo el país que donaban dinero para ayudar a quienes estaban en la calle. Miami se levantaba de las cenizas como el ave fénix y todos fuimos testigos de en qué forma una tragedia puede terminar por ser una gran bendición.

⊂ℨℬ∽

Otra asignación especial que me partió el corazón fue mi cobertura de la muerte de la princesa Diana de Gales. Creo que todos recordamos también dónde estábamos en el momento en que supimos que Lady Di había muerto. Era el año 1997 y yo había salido a cenar con mi esposo; al llegar tarde a casa, mi madre, que veía las noticias, nos informó que la princesa Diana había sufrido un aparatoso accidente automovilístico en París y se temía lo peor. En las próximas horas me quedé viendo la televisión en la cocina, dado que mi esposo se había ido a dormir. Era ya la madrugada del día siguiente cuando confirmaron que el accidente fue fatal... había muerto la Princesa del Pueblo.

Lo primero que pensé fue: "Tengo que cubrir esta noticia". A esa hora llamé a la oficina de mi directora de noticias y a la mesa de asignaciones; dejé mensajes de que si iban a enviar a alguien a Londres, yo quería ir. Esa noche no dormí; estuve clavada al televisor tomando notas de todos los detalles preliminares de la tragedia. A primera hora del día siguiente, que era domingo, llamé de nuevo a la directora de noticias, quien me informó que empacara porque saldría para Londres con mi productora, Malena, esa misma tarde. A partir del lunes reportaría en vivo desde Inglaterra para mi programa *Primer Impacto*.

Esa misma tarde viajamos a Londres y llegamos la mañana siguiente, por el cambio de horario. Contaría con el día entero para trabajar, lograr entrevistas y editar mi reportaje; mi hora de transmitir en vivo era de once a doce de la noche de allá, que eran las cinco de la tarde en Estados Unidos. Mi primer reportaje trataba sobre la personalidad de la difunta princesa, quien destacó por su labor con los enfermos de sida. En consecuencia, fuimos a las clínicas que ella frecuentaba y buscamos a pacientes que hablaran castellano, algo que siempre procuramos como cortesía para nuestros televidentes hispanos.

En la clínica conocimos a varios pacientes de habla española. La experiencia fue tan linda que nos hicimos amigos de algunos de ellos y hasta intercambiamos números telefónicos y direcciones para mantenernos en contacto. Uno de ellos, un argentino en silla de ruedas, bromeó con Malena, mi productora, con Raúl, mi camarógrafo, y conmigo.

Fue gratificante compartir varias horas con estos pacientes visitados a menudo por la princesa y que la contaban entre sus amistades. Con lágrimas en los ojos, nos confiaron que cuando el resto del mundo les había dado la espalda y muchos temían hasta darles un abrazo, por estar infectados de una enfermedad mortal, una princesa llegaba, los besaba en la mejilla, los tomaba de las manos para hablarles y los abrazaba sin importarle las repercusiones.

Mi equipo y yo estuvimos una semana en Londres y cubrimos los funerales de la princesa. Fuimos testigos de las interminables colas que hacían personas de todas partes del mundo para firmar los libros que quedarían para la historia en los castillos de Inglaterra.

En medio de la tristeza de la noticia que cubríamos, sucedió algo un tanto cómico. Bueno, cómico ahora, aunque en ese momento nos dejó completamente frustrados. Dado que salimos para Londres al día siguiente de la muerte de la princesa y era domingo, nuestro equipo no recibió todo el dinero en efectivo con el cual solemos viajar.

Desde que llegamos a Inglaterra trabajamos casi sin parar y no fue sino hasta el tercer día de haber llegado que nos dimos cuenta de que se nos había acabado el dinero. Con toda la locura del viaje, yo no llevaba mis tarjetas de crédito y literalmente nos quedamos sin un centavo.

Nos percatamos de ello una noche al trasladarnos a la locación para hacer la intervención en vivo para Estados Unidos. Luego de tomar un taxi Malena, Raúl y una servidora con todo nuestro equipo, Malena nos dijo:

—¡Casi no tenemos dinero!

—¿Cuánto tienes? —le pregunté.

—Bueno, pues casi nada —respondió riendo.

Estábamos bastante cansados y en ese estado, todo parece gracioso, pero en realidad no caíamos en cuenta que no nos alcanzaría ni para pagar el taxi. Raúl, que iba sentado en el asiento de adelante con el chofer, insistió en preguntarle a Malena:

—¿Cuánto dinero tienes? Yo no traigo nada.

—En ese momento, ella comenzó a contar lo que tenía y cuanto más contaba las monedas, más se reía.

—Malena —le dije—, dime en serio, ¡porque este taxista nos va a matar a los tres si no nos alcanza para pagarle cuando lleguemos a la locación!

La situación era tan surrealista que los tres comenzamos a reír a carcajadas. Como no sabíamos cuánto nos faltaba para llegar al lugar, Malena le dio al taxista todas las monedas que llevaba. Raúl y yo le entregamos también las que nos quedaban. Le explicamos la situación y le dijimos que cuando se acabara el dinero se detuviera y ahí mismo bajaríamos del vehículo.

En los próximos minutos, nos limitamos a mirarnos y a reír como tontos; no podíamos creer lo que sucedía. Por fin el taxista paró a mitad de una cuadra y anunció:

—Hasta aquí llegó su dinero, bájense ahora.

Se nos hacía tarde para la intervención, que sería en vivo. Yo me iba maquillando y arreglando en el taxi y ahora tendríamos que bajar y ¡caminar el resto del camino! ¡Y para colmo comenzaba a llover!

Ayudamos a Raúl con su equipo: cámara, algunas luces, un tripié para la cámara y los casetes. Y arrancamos a correr, ya que debíamos llegar a la hora exacta; de lo contrario, no podría hacer mi intervención y entonces ¡sí que nos matarían nuestros jefes! Recuerdo que mientras corríamos a la locación con todo el equipo a cuestas y bajo la lluvia, yo le decía a Malena, casi gritando —necesitaba desahogarme—:

—¡No lo puedo creer! ¡Esto no está sucediendo! ¡Necesitamos dinero ya!

Pero no podíamos concentrarnos en el dinero en ese momento porque aún nos faltaba lo más importante: la intervención en vivo para Estados Unidos. Nos preocuparíamos por el asunto económico luego.

Cuando terminamos esa noche, por obra y gracia del Espíritu Santo, como dijimos todos esa noche, llamamos a la oficina y Malena le informó a la directora de noticias que tenía que enviarnos más dinero el día siguiente y le explicó lo sucedido. Las risas fueron generales.

Al regresar, mi productora y yo hablábamos a menudo del gran impacto que ese viaje causó en nosotros y de nuestras anécdotas personales del mismo. Lo más lindo que nos llevamos de esta asignación especial es que llegamos a conocer más a fondo a la princesa que vivió una vida bastante triste, pero que decidió ofrecer su amor a los enfermos y a los despreciados. Eso será parte integral de su legado.

CREW

Menos de un año después de la muerte de la princesa Diana se llevó a cabo la Copa Mundial de Futbol en París, Francia. Era el año 1998 y una vez más yo viajaría con mi amiga y productora Malena, ahora con el camarógrafo Chacho, uno de mis favoritos. Aunque la cobertura de la Copa era un tanto difícil porque trabajábamos con seis horas de diferencia, ésta fue toda una delicia, pues París es una de las ciudades más bellas del mundo. Y ahí estábamos, con un panorama precioso de los lugares históricos y con rica comida a nuestra disposición. Además, en nuestro tiempo libre —tal vez un día en dos semanas— ¡nos íbamos de compras!

Yo estaba hospedada en un pequeño hotel muy lindo y antiguo cerca del Arco del Triunfo y desde mi balcón veía los famosos Campos Elíseos. Me sentía afortunada por poder participar en la cobertura de esta Copa Mundial en París. Teníamos un chofer francés, un traductor que siempre acompañaba al equipo, y una maquillista y una estilista francesas que no hablaban ni inglés ni español. Así que nuestra única opción fue practicar un poco el francés que ya sabíamos y comunicarnos a señas para el resto de las cosas.

Recuerdo con mucho cariño a Claire Marie, mi maquillista, una señora ya mayor, que maquillaba a las presentadoras de los noticieros en París. Ella venía a mi habitación con la estilista y allí me arreglaban. Luego salían con nuestro equipo y nos acompañaban mientras realizaba mis grabaciones en diversas partes de la ciudad. Si bien trabajamos hasta la una o dos de la mañana cada día, la pasamos de maravilla y la experiencia resultó inolvidable.

Cuatro años más tarde, en 2002, una vez más Univisión tenía los derechos exclusivos de la Copa Mundial de Futbol, de manera que todos viajamos a Seúl, Corea. Ahora, esta Copa no fue tanto una delicia en cuanto al hospedaje y la comida. Con decirte que la diferencia de horario entre Estados Unidos y Corea son once horas y, créeme, las sientes cuando llegas allí y tienes que comenzar a trabajar. Además, todo el equipo se enfermó del estómago por los olores tan fuertes de la comida coreana.

Una vez más trabajé con Malena y Chacho, lo que me alegraba porque siempre formamos una buena mancuerna. Pero ahora no nos dedicábamos a buscar restaurantes cada noche para salir a cenar. Por si no lo sabes, es bastante común comer perro y gato en Corea y, por consiguiente, muchos no queríamos ir a los restaurantes de *barbeque*, como le llaman allá.

Quiero aclarar que hay buenos restaurantes en ese país que sirven comida rica. Sencillamente, como no estamos acostumbrados a los sabores, se requiere más tiempo para aprender a disfrutarlos. Un día se corrió la voz en nuestro grupo de Univisión —unas ciento cincuenta personas, entre ingenieros, camarógrafos, editores, productores, reporteros y presentadores— de que había un restaurante argentino que, como sabes, son famosos por su carne roja. Ya se nos hacía agua la boca y llegamos al lugar una hora antes de que abriera sus puertas. Como quedaba un poco retirado, decidimos quedarnos allí y esperar a que comenzaran a servir la cena. Accedieron a darnos en una mesa pero no podían atendernos hasta más tarde, así que todos nos recostamos un rato sobre la mesa y muchos tomamos una siestecita mientras esperábamos la sabrosa cena.

Te has de preguntar por qué le pongo tanto énfasis a la comida. Y es que quiero que vivas conmigo la experiencia de trabajar en otro país y lo que en realidad sucede cuando un periodista viaja para cubrir una noticia internacional de esta índole. Muchas veces, disfrutas una simple comida a plenitud, en especial si no has comido lo de costumbre en varias semanas. Además, lo de los alimentos y los olores al famoso *kimchee,* un platillo de vegetales que es muy popular en Corea, ya se convirtió en una broma entre todos nosotros. A mi amiga Malena, que acababa de enterarse de que estaba embarazada, los olores le afectaban aún más que a los demás. Durante todo el viaje la pobrecita se sintió mal y con muchos mareos y otros malestares.

Algo cómico que nos pasó en Corea es que si nos separábamos de nuestro traductor ¡estábamos perdidos! Una tarde mi amigo y compañero Tony Dandrades y yo decidimos ir de compras. Uno de los choferes nos llevó a una zona muy linda donde venden arte coreano y otros artículos que deseábamos llevarles a nuestros seres queridos. Pues, nos dejaron allí y quedamos en encontrarnos en el mismo sitio en dos horas.

Hasta ahí todo iba bien. Sin embargo, a la hora de irnos, Tony y yo fuimos al lugar acordado con el chofer y esperamos casi una hora, pero no llegaba. Para comunicarnos con el chofer, que no hablaba una palabra de inglés, debíamos localizar a nuestra traductora, quien no contestaba el teléfono. Cuando por fin nos comunicamos con ella, no podíamos explicarle dónde estábamos porque no sabíamos leer los letreros en coreano. No era como en París, donde algo entendíamos del idioma o, al menos, éramos capaces de deletrear los nombres de los lugares. En Corea no sabíamos qué querían decir las letras ni las palabras y muy pocas personas hablan inglés. Estábamos perdidos, sin chofer, y sin poder indicarle a nuestra traductora dónde nos encontrábamos.

Honestamente, la situación parecía parte de una tragicomedia. Tony y yo reímos bastante y luego nos sentimos frustrados porque no había forma de ser rescatados. Además, teníamos que regresar a trabajar y las horas seguían pasando. Recuerdo haberle comentado a mi compañero:

—¡Jamás vamos a salir de aquí!

Comenzaba a ponerse el sol y las tiendas cerraban sus puertas.

—Tony, tenemos que hacer algo… —le insistía.

Por fin a él se le alumbró el bombillo y decidimos caminar unas cuadras a un establecimiento que aún parecía estar abierto. Buscamos a alguien que hablara inglés para que nos dijera la dirección de dónde estábamos. ¿Te imaginas estar perdido en una ciudad de un país extraño, donde no puedas siquiera decir el nombre de la calle, ni el establecimiento porque no entiendes las letras? ¡Es desesperante!

Después de intentar comunicarnos a señas con varias personas, por fin encontramos a un señor que hablaba inglés. Llamamos a nuestra traductora y lo pusimos al teléfono para que le dijera dónde nos encontrábamos. Gracias a Dios, la pesadilla parecía tener fin. La traductora entonces se comunicó con el chofer y le dijo el sitio exacto en que debía recogernos para llevarnos de immediato a las oficinas. Nuestro viajecillo nos costó varias horas de frustración, aunque al final valió la pena porque nos llevamos a casa muchísimos lindos cuadritos y, más aún, buenos recuerdos.

A pesar de todo, visitar Corea fue una experiencia muy positiva porque conocimos a sus habitantes, todos los cuales son sumamente alegres y amables. Un día, nuestro chofer, *Mister* Pak, como le llamábamos, nos trajo *sushi* hecho en casa por su propia esposa, quien quería demostrarnos lo feliz que estaba su esposo al trabajar con nosotros por varias semanas.

La pobrecita Malena, que ya se sentía mal por el embarazo, tuvo que comerse el sushi de *Mister* Pak en el auto para no despreciarle su atención, aunque ¡lo menos que quería era pescado crudo! Ésa es otra anécdota de nuestro viaje que siempre nos hace reír. Cuando bajamos de la camioneta para realizar una de mis grabaciones, no veíamos a Malena y la encontramos muy calladita, ¡echando el sushi entre los árboles!

—Malena, ¿qué haces? —la sorprendimos Chacho y yo.

—Nada… ¡no digan nada! —contestó, aún a escondidas del amable *Mister* Pak.

Esa noche le tomamos una inolvidable fotografía a Malena ocultando el sushi en los árboles para que el chofer no supiera que no le había gustado la comida preparada por su esposa.

La última e inolvidable anécdota de mi viaje a Corea para la Copa Mundial es que el día del último partido, en el momento preciso en que se jugaba la final del campeonato,

¡tuve que ser hospitalizada! Ya maquillada y arreglada para salir a realizar mi última grabación, me atacó un fuerte dolor en el lado derecho del abdomen. Comenzó como algo leve y no le presté atención, pero en menos de quince minutos se volvió irresistible. Estaba instalada en la camioneta, mientras Chacho y Malena preparaban algunas cosas; de pronto sentí que no podía más y dije con suavidad:

—Malena, Malena.

No podía hablar en voz alta. El dolor era demasiado intenso y me había quitado todas las fuerzas. Ella no me escuchó porque aún estaba fuera del vehículo. Volví a llamarla y esta vez fue nuestro gran chofer, *Mister* Pak, quien le hizo una seña porque se dio cuenta de que la necesitaba.

Creo que al principio Malena pensó que yo bromeaba, pero muy pronto observó que estaba doblada sobre el asiento trasero, con lágrimas en los ojos.

—¿Qué te pasa? —me preguntó.

—¡No sé, pero no aguanto el dolor!

El dolor empeoró con rapidez, tanto que pegué de gritos. Jamás he sentido algo igual. Malena llamó enseguida a nuestra jefa en Estados Unidos para informarle lo que sucedía: yo no podría realizar mi intervención de esa noche porque tenían que llevarme de urgencia al hospital. Durante todo el viaje, lloraba y gemía por el dolor.

"Dios mío, Dios mío… ayúdame. ¿Qué es esto?", me preguntaba.

No tenía idea de qué podía aquejarme y te confieso que me preocupé.

Cuando llegué al hospital, nuestra traductora le explicó al médico lo que sentía. De inmediato me llevaron a la sala de urgencias y, al darse cuenta el médico de mi intenso dolor, me puso un suero con un calmante intravenoso. Según la traductora él aseguró que en unos minutos sentiría alivio, ya que el calmante era fuerte. Yo seguía doblada, ahora en la camilla; no podía moverme ni estirar las piernas por el dolor.

Pasaron cinco y luego diez minutos y el dolor no daba tregua. El médico me puso una dosis más fuerte del calmante y nada. Por fin, después de unas dos horas allí, comencé a experimentar un poco de alivio. Aunque sentía un fuerte dolor en el costado, por lo menos podía soportarlo. Sin embargo, no lograba ponerme de pie ni caminar.

Después de hacerme unos rayos X, el médico determinó que tenía desgarrado un riñón, probablemente por una piedra que había logrado expulsar. Recomendó que permaneciera hospitalizada con fuertes calmantes para seguir de cerca el caso, porque podría padecer una infección en el riñón por la piedra. Pero no quise quedarme.

Pasadas varias horas en el hospital, decidí que deseaba regresar a casa lo más pronto posible. Univisión me consiguió un vuelo en la mañana y con varias pastillas de calmantes que me dieron en el hospital, regresé a Miami veinticuatro horas más tarde. Viajé sola de Corea a Japón, de Japón a Chicago y de ahí a Miami. ¡Qué alivio estar en casa! Aunque a mí me fascinan las aventuras y disfruto muchísimo mis viajes de trabajo, nunca me había sentido tan feliz de poder regresar antes de tiempo. "Hogar, dulce hogar", pensé al irme a dormir en mi propia cama esa noche.

ᘓᘔ

En el mes de septiembre del año 2004, la Casa Blanca me pidió que fuese la maestra de ceremonias de un evento histórico en la casa presidencial, con la presencia del presidente George W. Bush y la primera dama, Laura Bush. Se trataba del lanzamiento del mes de la hispanidad y de dar la bienvenida a todos los invitados especiales. Tuve la oportunidad de presentar al cantante de música cristiana Marcos Witt y al bailarín de flamenco Joaquín Cortés, entre otros distinguidos invitados.

Fue una experiencia muy interesante porque, además de arrancar el mes de la hispanidad en toda la nación, lo cual fue un gran honor, tuve la oportunidad de conocer al presidente y a su esposa en privado. Lo primero que noté fue que el presidente trataba a su esposa, Laura, con mucho cariño y se notaba una complicidad muy bonita entre ambos. También me dieron un recorrido por la casa presidencial y sus jardines, incluyendo el ya famoso jardín de las rosas, que es una preciosidad.

ᏪᎦᏅ

Un mes más tarde, en octubre de 2004, partí para Kuwait e Iraq con el propósito de visitar a las tropas estadounidenses destacadas en la guerra contra el terrorismo. Fui invitada por el gobierno estadounidense para una gira bajo el liderazgo del cantante Wayne Newton, quien hace unos años tomó el lugar del legendario Bob Hope como el líder del famoso *USO Tour*. Estos viajes para visitar a las tropas de Estados Unidos se popularizaron en las décadas de 1950 y 1960, y una de las personalidades más famosas que participó en ellos fue Marilyn Monroe. Para mí representó un gran honor que me invitaran a pasar un tiempo con nuestros soldados, pues fui la única hispana que ha ido a visitarlos en la guerra contra el terrorismo. Llevamos música, humor y sosiego a los soldados en un momento difícil, y eso es algo que alimentó muchísimo mi espíritu.

Era el mes del Ramadán, unas fiestas musulmanas que se celebran allá, y nos advirtieron que debíamos cubrirnos el cuerpo en señal de respeto a ellos. No tuvimos que cubrirnos la cabeza como las mujeres musulmanas, pero sí usar pantalones y blusas de manga larga para que no se nos vieran los brazos ni las piernas. También nos dieron chalecos antibalas y cascos para protegernos en caso de que hubiese un ataque, ya que iríamos a una de las peores zonas de combate, Bagdad.

Muchos me hablaron de los riesgos de visitar Irak, ya que entramos a Bagdad en los helicópteros *Blackhawk*, con los soldados estadounidenses. Los helicópteros vuelan dando volteretas en el aire para evadir cualquier ataque. ¡Me sentí como en una montaña rusa! Pero nunca tuve miedo. Más bien, me sentía privilegiada: jamás podría haber visitado esa zona de no trabajar en el mundo de las noticias. Mientras estuvimos en el campamento en Irak, hubo ¡cinco ataques con morteros en una misma noche! Nos pusimos el chaleco y el casco antibalas y nos refugiamos en un bunker. En mi visita, también visité los antiguos palacios de Saddam Hussein y dormí una noche en uno de ellos.

Fue un episodio increíble y a la vez indescriptible para mí. Te invade una mezcla de tristeza y felicidad al atestiguar que muchos de los jóvenes soldados sienten que hacen algo honorable por su país, que su mayor deseo es ayudar a liberar a las pobres víctimas de esas zonas de combate; pero también, al saber que cualquiera de ellos puede perder la vida en cualquier momento. Muchos, pensando en sus esposas, hijos y padres, sólo querían que les enviara mensajes diciéndoles que estaban bien y no se preocuparan. Mi misión era regalarles un poquito de felicidad, distraerlos un poco y alentarlos para seguir adelante en plena guerra.

Me llegó al corazón conocer a los soldados, hombres y mujeres, que arriesgan la vida por acabar con la opresión en esa parte del mundo y darle una vida mejor a otros seres humanos... es algo muy noble lo que hacen. Ahora bien, mi visita a estos soldados no tiene nada que ver con la política, ni si estuve a favor o en contra de esa guerra. Como periodista, nunca expresaré mi opinión personal sobre el tema porque creo que, debido a mi profesión, debo ser objetiva sobre los temas que se tratan en las noticias.

Además, en mi calidad de hispana me sentí muy honrada de poder hablar un tiempo con ellos en su misma lengua. Conocí a muchos puertorriqueños, mexicanos, hondureños, salvadoreños y hasta españoles que luchan por lo que para ellos es ahora su país, Estados Unidos. Todos me saludaban muy contentos de que por fin hubieran enviado a alguien hispano para animarlos un poco. Me tomé varias fotografías con un grupo de soldados puertorriqueños, algunas con la bandera de Puerto Rico. Uno de ellos, un soldado de apellido León, me regaló un uniforme de él, lo cual es un gran honor porque los soldados sólo le hacen este regalo a gente que respetan y quieren. Debemos destacar que cincuenta por ciento de los soldados estadounidenses son hispanos y, aunque muchos de ellos aún no tienen la ciudadanía, están luchando por nuestro país.

Una noche en Bagdad, cuando comenzó el programa musical de Wayne Newton y sus invitados, un grupo grande de soldados latinos coreó mi nombre; entonces, él, que me iba a presentar, le pidió a uno de ellos que subiera el escenario y lo hiciera él mismo. Fue un suceso increíble; él y sus amigos estaban de plácemes y todos tomaban fotos con sus camaritas. Salí al escenario y le di un abrazo y él me agradeció muchas veces que hubiera ido a visitarlos. Me dijeron que ellos, en especial, que están en una de las zonas más peligrosas, viven con el temor de que cada día puede ser el último y alegraba un poco su existencia allí el hecho de que alguien conocido los fuera a visitar... sobre todo uno de los de "ellos". Como ya comenté, muchos enviaron mensajes para sus madres, sus hijos y otros seres queridos.

Creo con firmeza que quienes somos figuras públicas, que gracias al público somos conocidos, estamos comprometidos a usar nuestra posición de "celebridades" para beneficio de otros. En mi caso personal, he recibido tanto amor y apoyo de quienes me siguen, que siento que tengo una deuda con ellos.

6. Entrevistando a los famosos

Cuando me ha tocado entrevistar a artistas, siempre he intentado averiguar lo más que puedo sobre ellos antes de la entrevista. Desde luego, esto debe hacerse con cualquier entrevista, pero es particularmente importante que el artista sepa que el periodista que lo entrevista conoce lo suficiente de él o ella como para plantearle preguntas pertinentes a su carrera. A la vez, debe sentir que el entrevistador ha llegado con la mente abierta para escuchar lo que tiene que decir, en caso de que vaya a revelar algo nuevo. Por lo regular hago mi tarea, que consiste en ver entrevistas que ya le han realizado o tal vez leer lo que se ha escrito sobre el artista y, por supuesto, siempre leo lo que me envían sus representantes porque ésa es la información que se desea destacar en la entrevista.

Soy de la opinión de que el entrevistado debe sentirse cómodo con el entrevistador y, por tanto, procuro conversar un poco con ellos antes de que empiecen a rodar las cámaras. Por supuesto, esto no siempre es posible y cuando todo debe hacerse con rapidez, es necesario preguntar "en frío". En ese caso, me gusta formular varias preguntas al principio de la entrevista que hagan que el artista se relaje un poco, por ejemplo, le pregunto acerca de su último logro o quizá de su familia e hijos. Ahora bien, si se trata de alguien que suele ser hermético con su vida privada, obviamente hay que comenzar con algo no relacionado con eso.

A través de los años he entrevistado a numerosos famosos, ya sea cantantes, actores y actrices de telenovelas o del cine y ¡hasta un boxeador! En las próximas páginas les contaré anécdotas o lo que más recuerdo de cada uno de esos entrevistados. No incluyo a todos, hablo un poquito de los que más vienen a mi memoria.

Óscar de la Hoya

Este boxeador de origen mexicano es muy querido, tanto por su público hispano en todo el mundo como por los estadounidenses. Cuando lo entrevisté en 2000, Óscar llevaba ganadas todas las contiendas en las que se había presentado. Además, se le consideraba un "niño bonito". A diferencia de otros boxeadores conocidos por sus narices fracturadas, él cuidaba su rostro con los puños para asegurarse de que nada le sucediera a su "linda cara". Esto no lo inventé yo, era *vox populi* y, por tanto, fue lo primero que le pregunté para romper el hielo en mi entrevista, realizada en Big Bear, ciudad en las montañas de California, en las afueras de Los Ángeles.

Déjame hacer un paréntesis para decirte que la mansión de Óscar es su lugar de entrenamiento antes de una pelea. Allí tiene su cuadrilátero y un pequeño campo de golf. El mejor sitio para entrevistar a alguien conocido es en su propio hogar porque allí se siente más cómodo; además, el periodista puede incluir en su trabajo detalles de su entorno que serán importantes para que el público lo conozca más a fondo. Así que, después de más de un año de haber solicitado la entrevista con Óscar y de hablar con sus representantes sobre su contenido, viajé a California a entrevistar al exitoso boxeador.

Me sentía más que feliz por el hecho de que la entrevista se efectuaría en su hogar y me aseguré de que contáramos con tres cámaras. Esto es importante porque durante las preguntas y respuestas las tres cámaras graban, cada una desde un ángulo distinto. Por consiguiente, al editar la entrevista, cuentas con más material de dónde escoger. Por ejemplo, una cámara está sobre mí en tanto platico con el entrevistado y planteo las preguntas. También está sobre mí para captar mis respuestas y mis reacciones a las respuestas que recibo. Otra cámara está fija sobre el entrevistado y la del medio tiene un plano abierto de ambos. Así, todo lo que ves en televisión, ya terminado el programa, es justo lo que sucedió en la entrevista. Las reacciones son reales y eso es fundamental, que haya veracidad en todo lo que se le ofrece al público.

Volvamos a la entrevista de Óscar. Una de mis primeras preguntas fue si en realidad hacía un esfuerzo especial para cuidarse la cara y lucir guapo en todo momento. Él sonrió.

—Sí, por supuesto que sí —fue su respuesta—. Tomo muy en cuenta que la vida profesional de un boxeador es corta y nunca se sabe cuándo va a llegar a su fin, tal vez por una herida o por un duro golpe. Por tanto, quiero asegurarme de poder hacer algo diferente después de retirarme del boxeo y no deseo verme como otros boxeadores, con heridas en toda la cara, mucho menos con la nariz fracturada, lo cual puede cambiar por completo el semblante de una persona.

Tras varias preguntas sobre su vida profesional y sobre la próxima contienda, para la cual estaba sometido a un arduo entrenamiento, llegó el momento más difícil: abordar la razón por la cual se realizaba la entrevista. Óscar había sido acusado por una menor de edad que aseguraba que él se aprovechó sexualmente de ella durante una fiesta. Primero me contestó que nunca había querido hablar en público del tema porque era darle más credibilidad a la acusadora, quien, según él, sólo quería aprovecharse de su fama y sacarle dinero.

—Sin embargo —añadió—, como me siento cómodo con tu estilo de entrevistar, estoy dispuesto a contestar estas preguntas difíciles por primera vez.

Óscar explicó todo sobre la noche de la fiesta y relató los detalles de la demanda en su contra. Éste no es un libro sobre la vida de Óscar de la Hoya y esa entrevista salió al aire hace ya varios años, por lo que no incluiré los detalles. Pero lo que sí puedo afirmar es que dio detalles que nadie había escuchado aún sobre la demanda y respondió a todas mis preguntas sobre el asunto.

Además, me llenó de emoción que me hablara de su madre, fallecida años atrás, víctima del cáncer. Fue muy interesante y enternecedor escuchar a un rudo boxeador hablar sobre el amor de su madre y confesarme que aún se comunicaba con ella. También me comentó que, sin lugar a dudas, creía que ella lo cuidaba y siempre escuchaba sus consejos.

Luego, Óscar me habló de la hijita que procreó con una actriz y ex reina de belleza estadounidense. En ese momento, estaba comprometido con ella, pero después de la entrevista me confesó que en realidad no pensaba que se casarían.

Terminada la entrevista formal, Óscar y yo, acompañados de las cámaras, nos dirigimos a los exteriores de la mansión y en su camioneta escuché el álbum que acababa de grabar y que saldría a la venta en poco tiempo. Hablamos de cuán raro era que un boxeador que aún estaba entrenando sacara un disco. Me dijo que siempre deseó cantar y, ya que podía hacerlo, decidió hacer su sueño realidad. Su álbum fue lanzado meses más tarde y Óscar obtuvo bastante éxito con una de las canciones. Sin embargo, luego decidió dejar a un lado la música y regresó al cuadrilátero. Óscar es un hombre dedicado a su profesión y con una pasión indescriptible por el boxeo. Creo que fue eso, además de su talento, lo que lo llevó a la cumbre de este deporte en nivel internacional. Además, es un ser humano amoroso que siempre ha sabido que lo más importante en la vida son sus seres queridos y su familia.

¡Triunfa y sé feliz!

Mi vida profesional

Mi fotografía para publicidad de Univisión, 1995.

Mi primer noticiero como presentadora fue
con Guillermo Benites, del canal 23 de Miami.
Aquí con todo el equipo. Yo tenía veintitrés años de edad.

En una transmisión en vivo desde Cabo Cañaveral, Florida, en
ocasión del lanzamiento del transbordador Discovery.
Septiembre, 1988.

Con mi productora y amiga Malena y nuestro chofer en un café de París, 1998.

Realizando entrevistas en el castillo de Versailles, París, durante la Copa Mundial de 1998.

Prueba de una sesión de fotografías, 1999.

Sesión de fotografías en mi casa, 1999.

Jugando golf con Óscar de la Hoya, 2000.

Óscar me dejó escuchar la primera grabación de su canción
antes de que saliera su primer disco, 2000.

En el cuadrilátero en casa de Oscar, después de la entrevista.
California, 2000.

Fotografía para publicidad
de Univisión, 2000.

Con el cabello largo,
2001.

En mi charla en 2001 ante los graduados de la Universidad
de Miami, en la que yo me gradué en 1986.

Con Jennifer López durante una entrevista en 2001.

Con el cabello más corto. Fotografía para publicidad, 2002.

Plasmando mis huellas en el Paseo de las Luminarias
en la Ciudad de México, 2002.

En la filmación de un comercial de Colgate
en Tlalpan, México, 2003.

Con mis compañeros Cristián de la Fuente y Galilea Montijo
en los ensayos de *Premios Juventud*, 2004.

Tras bambalinas en *Premios
Juventud*, 2004.

En el escenario del programa
Premios Juventud, 2004.

Mi amigo y maquillista Jazz me aplica bronceador en las piernas
para una sesión de fotografías, 2004.

Durante la filmación
de otro comercial de
Colgate con Angélica,
mi estilista, 2004.

Filmando el comercial
de Colgate, 2004.

En una sesión de foto-
grafías, 2004.

En la hacienda Temozón de México, 2004.

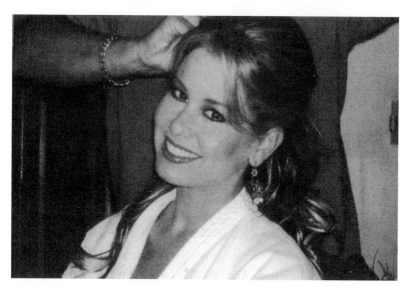

Preparándome para mi programa.

11

Con los niños de Save the Children en El Salvador, 2001.

En la filmación del comercial de Save the Children,
en El Salvador, 2001.

En el aeropuerto de San
Salvador, con alumnas
que viajaron de Guatemala
para saludarme, 2001.

Aquí recibo un reconocimiento
en El Salvador por mi labor
con Save the Children, 2001.

En el avión militar de Estados Unidos; rumbo a Iraq, 2004.

Conociendo a los soldados estadounidenses en Iraq, 2004.

En Kuwait, con el comediante Rob Schneider, 2004.

13

Con Paulina Rubio para mi programa, Nueva York, 2005.

En España, para la entrevista con Rocío Dúrcal, 2005.

Lista para la entrevista con Rocío Dúrcal.

Con Rocío Dúrcal en su casa, 2005.

15

Fotografía para publicidad de mi nuevo programa. *En Exclusiva con Myrka Dellanos*, 2005.

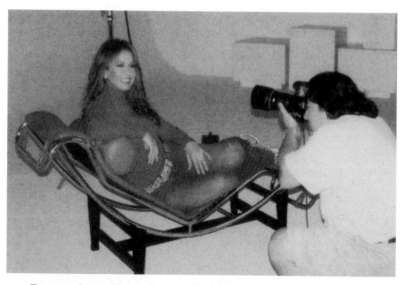

Durante la sesión de fotografías para la portada de este libro, con Diego, uno de mis fotógrafos favoritos, 2005.

Plácido Domingo

De un boxeador vamos a uno de los tenores más famosos del mundo, Plácido Domingo. A él lo entrevisté en un hotel de Miami en 2001. En ese momento, fungía como director de la Ópera de Los Ángeles. Hablamos sobre su brillante carrera operática y también sobre su familia y el terrible terremoto que devastó a la Ciudad de México en 1985 y que tanto lo afectó.

Platicamos de su matrimonio de más de cuarenta años y, por supuesto, le pregunté sobre el secreto de una unión tan duradera como la de él y su esposa. Me dijo que ella era amante de las vacaciones, pero que su pasión personal era la música. Explicó que la clave del éxito en su unión había sido encontrar un punto medio entre ambas cosas, o sea, combinar su amor por la música con el amor por su familia y, de manera más específica, por su mujer. Estaba consciente de que para hacerla feliz, debía dedicarle tiempo, por lo que siempre planeaban unas largas y lujosas vacaciones juntos.

Para mí fue un gran honor entrevistar a Plácido Domingo y es que, al ser yo amante de la música, crecí escuchándolo y consciente de la marca indeleble que ha dejado en el mundo.

⚘

Marc Anthony

A Marc Anthony me tocó entrevistarlo durante la premiación a la música latina, en los *Premios Lo Nuestro* de Univisión 2003. Yo estaba tras bastidores y él se encontraba en el público con su bella primera esposa Dayanara, que en ese momento esperaba su segundo bebé.

Marc es algo reacio a dar entrevistas y me sentía contenta de que me regalara unos minutos de su tiempo. Él ha destacado no sólo por su voz y su música, sino también porque se ha dedicado a la actuación en el cine estadounidense y muchos lo consideran buen actor.

Le pregunté acerca de su última producción discográfica y luego de su familia. Me contestó que no le gustaba mezclar su vida profesional con la personal, pero sí explicó que su primer hijito iba a cumplir años y le harían una fiesta en su casa de Nueva York, para la cual estaba preparándose. Añadió que le ilusionaba mucho la llegada de su segundo bebé y que eso era lo que más satisfacción le causaba en la vida.

Cabe mencionar que casi todos los famosos, una vez que tienen hijos, éstos se convierten en los seres que más aman; su familia es su prioridad.

Ésta es otra evidencia de que lo único realmente valioso en el mundo es la familia y nuestros seres queridos. Pobres de aquellos que dedican cien por ciento de su vida a su carrera porque a final de cuentas terminan cansados y, peor aun, vacíos. Lo digo porque de cada entrevista he aprendido algo y un aspecto que siempre ha sobresalido es éste: que, sin importar el talento, la fama o el dinero que gane una persona, nada se compara con el amor de un hijo, de sus padres y de una pareja que le corresponda.

⋐⋑

Juan Gabriel

Juan Gabriel es uno de los cantantes más queridos de México y cuando se encontraba de gira con la española Rocío Dúrcal en 1995, tuve la oportunidad de conocerlo y entrevistarlo en la ciudad de Miami. Recuerdo que se trataba de un *press junket*, lo que significa que el artista ofrece entrevistas a todos los medios para promocionar su gira en la suite presidencial de un lujoso hotel. Esos eventos siempre están repletos de gente. Nos citaron a las dos de la tarde, pero Juan Gabriel no llegó sino hasta las cinco. Ese día no salí en *Primer Impacto* con tal de grabar mi entrevista con él.

No lo conocía y quedé muy complacida porque era todo dulzura. Hablamos de su colaboración con Rocío Dúrcal, de su música, sus hijos adoptivos y su amor por México. Parecía estar sumamente feliz y se veía muy elegante con un traje blanco. Recuerdo que a mí me habían operado un pie y aún llevaba el yeso, y charlamos sobre lo sucedido. La pasamos tan bien en la entrevista que Juanga me dio el número de teléfono de su casa de Los Ángeles y me dijo que lo llamara cuando quisiera.

Luis Miguel

A Luis Miguel lo conocí durante una conferencia de prensa en un lujoso hotel de Coral Gables, Florida, en 1997. Fui al evento con un grupo de compañeros de Univisión porque *Primer Impacto* cubría el lanzamiento de *Romances*, su produccion discográfica más reciente. Después de la conferencia, se llevó a cabo una recepción en los jardines del hotel donde todos los reporteros podrían escuchar la música y la gran voz del ídolo de México.

Uno de los empleados de Warner, su casa disquera, se acercó y me dijo que el cantante se presentaría en la recepción unos minutos y deseaba saludarme, ya que era *fan* del programa noticioso *Primer Impacto*. Yo estaba sentada con mi productora, Malena, y cuando él llegó nos saludó muy cariñoso y reiteró que disfrutaba mucho el programa. La plática fue breve y pronto se retiró de la recepción. Recuerdo que nos dijo, entre sonrisas, que le dijera al Gordo de Molina que dejara de perseguirlo y molestarlo. En aquel momento, Raúl de Molina, hoy en el programa de farándula de Univisión *El Gordo y la Flaca*, era parte del elenco de *Primer Impacto*.

La siguiente vez que vi a Luis Miguel fue en 1999, cuando viajé a Madrid, España, para entrevistarlo como parte de su próxima gira. El día antes de la entrevista personal se efectuó una conferencia de prensa con los representantes de todos los medios internacionales que se habían presentado en el

Casino de Madrid. Sentada en la fila del frente, yo fui una de las periodistas que se levantó para hacer una pregunta. Mi pregunta fue si consideraba grabar un dúo con otra famosa cantante, la estadounidense Mariah Carey. Como es obvio, se lo pregunté porque en ese entonces se sabía que sostenía una relación con ella y, aunque deseaba ser discreta, también quería que hablara sobre ese posible dueto. Él me miró, apuntó hacia mí, y se echó a reír diciendo desde el escenario:

—¡Qué buena pregunta! Tal vez se lleve a cabo un dueto, pero aún todo está en pláticas y tendría que ser algo con un propósito profesional, no personal.

Más tarde, como a la una de la madrugada, me tocó entrar en la sala del Casino de Madrid donde se celebraría mi entrevista cara a cara con él. Sólo unos diez periodistas, entre los de todo el mundo, fueron escogidos para entrevistar a Luis Miguel y yo me había preparado bien para ello. Recuerdo haber hablado con un reportero de la revista *People en Español* que lo entrevistara meses atrás, para saber qué esperar del cantante mexicano. Además, leí numerosos artículos sobre él y miré otras entrevistas anteriores. Su casa disquera le comunicó a mi productora que la entrevista sólo duraría unos veinte minutos, en tanto que otros me advirtieron que él podía ser rudo y rehusarse a contestar algunas preguntas. Pero, por fortuna, aunque yo escucho los consejos de los demás, siempre me gusta llegar a mis propias conclusiones con mis experiencias personales.

Luis Miguel salió a la sala con una amplia sonrisa y un elegante traje negro. Me saludó de forma muy cariñosa. Le pregunté si no estaba cansado de tantas entrevistas porque llevaba varias y era ya la madrugada del día siguiente. Me dijo que no, que estaba muy contento de llevar a cabo una entrevista para mi programa y que le preguntara lo que quisiera. Mientras se preparaban las luces y terminaban de revisar los microfonos, él miró mi mano y me tomó la izquierda.

—¿Qué es eso? — me preguntó, sonriente, y señaló mi anillo de brillantes.

—Me caso en dos semanas. Es mi anillo de compromiso —respondí.

—Qué bien, muchas felicidades.

Pensé que era amante de las prendas bonitas y por eso se había fijado en mi anillo. Segundos más tarde, comenzó la entrevista.

Le pregunté sobre su música.

—¿Siempre soñaste con ser cantante?

—Es lo único que hice desde muy pequeño y, por consiguiente, nunca pensé en hacer nada más.

Le pregunté sobre su niñez y cómo le afectó tanto trabajo y tanta fama a una edad tan temprana. Contestó que, aunque no querría que un hijo suyo hiciera lo mismo, no podía quejarse porque todo su sacrificio de pequeño había dado grandes frutos y se sentía satisfecho por eso.

Hablamos del matrimonio y sobre ello me contestó que aún tenía veintinueve años de edad y ése no era el momento de casarse ni de pensar en hijos. Indagué si tenía algún interés en cantar en inglés y respondió que no, que estaba concentrado en su más reciente producción y no pensaba en eso, aunque sí admitió que su disquera lo presionaba para que lo hiciera.

—¿Te afectan las presiones externas de la disquera y de otros cantantes de habla hispana que han grabado en inglés?

—Soy muy bueno para las presiones externas —contestó, mirando hacia su *manager*.

Dejaba entrever que él hacía lo que quería, cuando quería y no se dejaba llevar por presiones externas. Luego, le pregunté sobre su relación amorosa con otra famosa cantante y me dijo que algunas veces estar lejos de alguien resultaba positivo, porque cuando se veían de nuevo, había nuevas ilusiones y podía resultar algo divertido. Siempre me habló en términos generales y nunca admitió ni desmintió estar involucrado en una relación sentimental.

Mi entrevista con Luis Miguel duró una hora y en ningún momento se enojó conmigo ni pidió que no le hiciera una pregunta específica. Al ver de nuevo esta entrevista mientras escribía este libro, lo más interesante para mí fue cuando habló de su niñez y de lo que haría con sus hijos cuando los tuviera. Fue un caballero en todo momento, se veía muy sonriente y hasta accedió a tomarse unas fotografías conmigo y con la productora.

Como es obvio, elegí limitar mis comentarios sobre Luis Miguel a mi relación profesional con él y a la entrevista que llevé a cabo en 1999. Tú ya conoces algunas cosas sobre mi vida personal, pero los detalles específicos me los guardo, porque, además de que siempre he sido bastante celosa de mi vida privada, no sería ético contar detalles íntimos que implican a otra persona conocida. Ésa siempre ha sido mi postura sobre el tema y siempre será igual, pues pienso que algunas cosas deben permanecer en la intimidad. Espero que entiendas mi posición y la respetes. Sólo resta decir que Luis Miguel fue todo un profesional en su entrevista y trató a quienes lo rodeaban con mucho afecto.

꩜

Juan Luis Guerra

Ahora me encantaría contarles sobre mi entrevista con Juan Luis Guerra, ya que este cantante y compositor dominicano le ha compuesto canciones a Luis Miguel. He sido amante de su música desde que comenzó con la famosa "Bilirrubina". Recuerdo que en 1991, cuando me casé por primera vez, le pedí a la orquesta que animaba la fiesta que tocaran todas las canciones que supieran de este talentoso artista. En esos años, mi esposo y yo fuimos a por lo menos tres conciertos de Juan Luis con 440 y la pasamos de maravilla, bailando por todo el auditorio. En una ocasión viajé de vacaciones a República Dominicana y compré su colección completa, incluyendo temas románticos, así como los más movidos y bailables que todos conocíamos.

Como te habrás dado cuenta, me fascina la música y soy fanática de las canciones de Juan Luis. Me parece que tiene un talento indiscutible y es todo un poeta con sus letras. Nunca tuve el placer de entrevistarlo mientras estuvo con 440, aunque tenía todos sus discos y solía escucharlo en mi auto. Luego, él y su banda se separaron y Juan Luis se alejó un tanto de los escenarios. Entonces se dijo que el cantante y compositor se había convertido en seguidor de Jesucristo, o sea, era cristiano.

En ese momento, durante el año 2001, por fin pude conocer a Juan Luis en persona y entrevistarlo en la ciudad de Miami. En primer lugar, me sorprendió lo alto que es

—mide como seis pies, seis pulgadas (casi dos metros)— y, en segundo lugar, darme cuenta de que su altura contrasta con su personalidad, dado que es un hombre que habla con mucha paz y tranquilidad y con voz tenue.

Mi primera pregunta fue sobre su personalidad tan callada, ya que su música más famosa es bailable y de las que provocan el movimiento corporal. Me contestó que su vida cambió de manera radical al aceptar a Jesucristo como el Salvador de su vida y que por primera vez gozaba de esa paz. Me explicó que durante muchísimos años en que disfrutó del éxito de su música, le era muy difícil dormir sin pastillas calmantes y a toda hora sentía un vacío interno que ni su esposa, hijos, fama y dinero podían llenar. Sus respuestas me intrigaron. Y es que, además de ser amante de su música, también había sido cristiana desde pequeña, pero en ese momento estaba un poco alejada de Dios.

Es increíble cómo El Señor hace las cosas: en esa entrevista yo sentí que Dios me hablaba por medio de Juan Luis. O sea, cada vez que él mencionaba cuánto había cambiado su vida y lo feo que dejó atrás —como los vicios y otras cosas de las que no deseaba hablar—, yo estaba consciente de que esa paz interior que él disfrutaba también yo la sentí en otros momentos de mi vida.

En ese tiempo atravesaba momentos muy difíciles y tristes a causa de mi segundo divorcio. Todos los días, durante casi un año, le pedí a Dios que me devolviera a mi esposo y que sanara mi matrimonio; pero, como no recibía la respuesta que deseaba, estaba deprimida. No me daba cuenta entonces de que nuestro Dios nos da lo que es mejor para nosotros, aunque en ese momento no lo sepamos. Además, ahora sé también que Dios deseaba que reanudara mi fe y me acercara más a Él.

Mientras hablaba con Juan Luis, sentí como si Dios me dijera: "Regresa a Mí, mira cuán poderoso soy, no puedes hacerlo sola, vuelve a Mí". Tal vez a los que no son creyentes esto les parezca una locura o las habladurías de un fanático, pero no es así; tal vez ello se deba a que nunca han tenido esa paz interna que sólo nos pueden ofrecer Dios y su hijo Jesús.

Hice ese paréntesis porque quiero que sepas lo que pasaba por mi mente en el transcurso de esa entrevista. Es algo muy personal lo que te cuento, pero creo que resulta importante porque si logro ayudar a una sola persona con estas anécdotas, me sentiré satisfecha de haber escrito esto.

En fin, Juan Luis siguió contándome sobre los cambios drásticos en su vida y me dijo que, aunque era cristiano, no sólo se dedicaría a cantar música sacra o religiosa. Añadió, muy sonriente, que sabía que Dios le dio su talento con un propósito y que él podría llegar a la gente con todo tipo de música, siempre y cuando tuviera un mensaje positivo.

Esto es fundamental hoy día, cuando escuchamos tanta música con mensajes negativos o que expresa puras vulgaridades. Juan Luis Guerra es un ejemplo viviente de que la música puede ser buena, con una letra positiva y bailable. O, ¿qué me dicen de su más reciente producción discográfica y la canción "Las Avispas"? Yo sé que Dios usa a este músico para que difunda su mensaje de esperanza y paz por el mundo entero.

En las pasadas navidades escuché "Soldado de Cristo" y "Las Avispas" más de cien veces y me sentí feliz al saber que se puede alabar a nuestro Señor y disfrutar a la vez. Por mi parte, felicito a Juan Luis por mantenerse firme en sus creencias, aunque muchos en este mundo crean que incluir su amor a Dios en sus canciones es de fanático. Si hay que ser fanático de algo... ¡que sea de nuestro Señor Jesucristo! ¡Amén! Oro para que muchos conozcan la verdad del mensaje que ofrece Juan Luis en su música. Sé que Dios lo bendecirá aún más debido a su entrega total a Él.

Al ver a Juan Luis y escuchar sus palabras ese día, percibí que la única forma de ser feliz en todos los momentos de esta vida, ya sea que enfrentemos una crisis personal o una enfermedad de un ser querido, es entregándole todo a Dios. Debemos entregarle todas nuestras cargas, nuestras inquietudes, nuestros sueños destruidos, los sueños aún no cumplidos, las noches sin dormir y nuestros miedos. Honestamente, no hay otra forma de vivir con paz y tranquilidad; lo mejor es saber que Dios es más poderoso que todo en este mundo y que controla nuestras vidas.

Mi entrevista con Juan Luis resultó muy interesante para el público porque era la primera vez que hablaba de todo esto. Pero ese día la más beneficiada fui yo porque me recordó todo lo que ya sabía, pero que de alguna forma había elegido "olvidar".

ᬊᬊ

Thalía

A Thalía ya la conocía cuando llegó a los estudios de *Primer Impacto* en Univisión para que la entrevistara. Fue en 1998 y lo primero que recuerdo es que la iba a entrevistar "en directo" durante mi programa, por lo que en los minutos libres, mientras se pasaban los comerciales, me levanté a saludarla y a ubicarme para la entrevista que comenzaría pronto.

Lo primero que me dijo Thalía es que ella tenía un "lado mejor" y que debía hacer la entrevista de ese lado. No tuve inconveniente en pararme de su otro lado y con rapidez cambiamos las cámaras para que quedara complacida. Me sorprendió que tuviera un "lado" mejor; me parecía muy guapa y nunca hubiera pensado que, en ese entonces, cuando tenía unos veintitantos años, pensara que lucía mejor de un lado que de otro.

Quedé algo intrigada por eso de los "lados mejores" de los artistas y años más tarde, en una sesión de fotografías, le pregunté a un fotógrafo sobre el porqué de los "lados" preferidos de ciertos artistas. Me explicó que, como todos sabemos, el cuerpo humano no es perfectamente simétrico y, por tanto, ambos lados de la cara tampoco son iguales. Interesante, ¿no?

Pero continuemos con mi entrevista con Thalía. Ese año, en el cual promovía su *Amor a la Mexicana*, no tenía novio y mucho menos pensaba en el matrimonio. Aunque se hablaba mucho de su noviazgo con Fernando Colunga, ella se negó a comentarlo y hablaba de cosas por completo diferentes cuando le preguntaba sobre sus relaciones amorosas. Sólo quería conversar sobre el "Amor a la Mexicana" y el tequila, tabaco y ron mencionados en su canción.

Me divertí con ella porque demostraba ser muy feliz en su soltería y se la pasaba "apapachando" a los camarógrafos guapos del estudio, llamándolos "papacito". Luego, no podía faltar el asunto de su famosa cinturita y le pregunté si era cierto que se había sacado unas costillas para estar tan delgadita. Nunca creí que eso fuera cierto ni posible y ella confirmó que se trataba de un tonto rumor. Thalía reiteró que su pequeña cintura era de nacimiento y, para que constara que no tenía ninguna cicatriz por esa zona, mostró sus costados ante la cámara.

Yo reí con ella y los televidentes quedaron encantados con su coqueta personalidad. Por algo se ganó la calificación de "Reina de las telenovelas".

Ricky Martin

La "Vida Loca" de Ricky Martin llegó a los lugares más recónditos del mundo y, aunque ya era conocido por su participación en Menudo y su música en español, se convirtió en una mega estrella internacional de la noche a la mañana, cuando cantó durante la entrega de los Premios Grammy en 1999.

Meses antes de que estallara la bomba del Ricky Martin internacional, él era el ídolo de una niñita de cinco años a quien le diagnosticaron cáncer terminal y que vivía en Nueva Jersey. Un día, mientras me preparaba para salir al aire en *Primer Impacto*, recibí una llamada de una madre ahogada por el llanto. La mujer me explicó que tenía dos hijitas, una de ellas de cinco añitos que probablemente moriría de cáncer. Estas cosas siempre me destrozan el corazón, de manera que enseguida le pregunté, muy afectada, en qué podía ayudarla. La mujer me explicó que el último deseo de su angelito era conocer a Ricky Martin.

Le comenté que la única vez que lo había visto fue unos años atrás, cuando vino al estudio de *Primer Impacto*. Sin embargo, tomé sus datos y le prometí que haría todo lo posible por convertir en realidad el sueño de su hijita. Al colgar me puse a pensar en cómo podría llegar al cantante con esta petición. Me habían dicho que a Ricky le gustaban mucho los niños, que tenía un gran corazón; por consiguiente, si

143

lograba que se enterara personalmente del deseo de esta niñita, con seguridad haría algo al respecto.

Enseguida conseguí el número telefónico de su *manager*, que en ese entonces estaba en Puerto Rico, y hablé a su oficina para transmitir mi petición. La persona que contestó mi llamada me informó que Ricky estaba muy ocupado, pero que tomarían mis datos y se comunicarían conmigo. No me dijo en cuánto tiempo me hablarían. Pasaron varios días y yo no recibí respuesta alguna de la oficina de Ricky. La madre de la niñita llamó de nuevo y le expliqué lo sucedido. Ella me pidió que por favor siguiera abogando por la niña y una vez más me habló de su dedicación y amor total a Ricky. Desesperada, me explicó que la niña sabía todas las canciones del cantante y tenía su habitación empapelada con sus fotografías, las cuales recortaba de las revistas y periódicos.

"Tengo que hacer algo… pero, ¿qué?", pensé.

Faltaba sólo una hora para las cinco de la tarde, cuando debía presentarme en el estudio para hacer *Primer Impacto* en vivo y en directo. De pronto se me ocurrió una idea genial: ¡lo haría durante mi programa!

Todos los días en *Primer Impacto* contaba con unos segundos para platicar con libertad y hacer comentarios personales durante el segmento del pronóstico del tiempo, entonces presentado por nuestro meteórologo John Morales. Él siempre contestaba muy bien, aunque le hablara de un tema no relacionado con las condiciones del tiempo, así que ésa sería mi oportunidad perfecta. Además, ese día presentamos en el programa la nota, proveniente de otro país, de un niñito enfermo que recibió la visita de un artista famoso. ¡Era el momento idóneo!

Al terminar la nota, yo estaba a cuadro y comenté:

—¡Qué bueno que un artista famoso decida dar parte de su preciado tiempo para ayudar a un pequeñito cuyo último anhelo antes de morir es conocerlo!

Acto seguido, expliqué que había recibido la llamada de una madre desesperada, cuya hijita de cinco años estaba a punto de morir y lo único que deseaba era conocer a Ricky Martin. También mencioné que había llamado a su oficina, pero aún no recibía respuesta. Además, dije con firmeza frente a la cámara:

—Ricky, si estás viendo el programa, por favor comunícate conmigo… tienes en tus manos hacerle realidad el último sueño a esta pequeñita.

La productora ya me daba de gritos por mi *IFB* (el aparatito colocado en mi oído que está conectado al cuarto de control):

—¡Corta ya! ¡Corta ya! ¡Estamos cortos de tiempo!

Cuando terminé de hablar, pasamos a comerciales y tuve que explicarle de immediato a la productora lo que había sucedido con la niñita y que ésa era mi oportunidad de hacerlo público para que el propio Ricky se enterara.

Antes de que acabara el programa, que dura una hora, mi productora me habló una vez más por el aparato, sólo que esta vez se le oía mucho más calmada:

—Llamó. ¡Ricky Martin llamó al departamento de entretenimiento y quiere que hables con su representante en su oficina!

Salté, grité y compartí lo ocurrido con todos los que estaban conmigo.

Esa tarde, salí del estudio y fui derechito a hacer esa llamada tan importante. El representante de Ricky me pidió que le enviara toda la documentación del estado médico de la pequeñita para que hubiera constancia de su padecimiento, y que le diera el número telefónico y la dirección de la madre para que se comunicaran con ella. Me sentí feliz al ver que todo parecía encaminarse para ayudar a la niñita.

Enseguida llamé a su madre a Nueva Jersey y le conté todo. Me confió que había visto el programa y se puso tan feliz cuando hablé de su hijita y de su deseo ante las cámaras, que comenzó a llorar. Sus hijas le preguntaron:

—¿Qué te pasa, mami?, ¿por qué lloras?

—Mami está feliz —les respondió.

Por supuesto, aún no sabía qué iba a pasar, así que no podía darle las buenas nuevas a su hijita... eso tendría que esperar.

Todos los días llamaba a las oficinas de los representantes de Ricky en Puerto Rico y diario aducían lo mismo: que estaban haciendo los trámites y se comunicarían conmigo en cuanto contaran con más detalles. Lo que sí me aseguraron es que Ricky tenía todas las intenciones de ir a ver a la niña antes de su muerte y que siempre deseaba ayudar a los niños. Les expliqué que quería que nuestras cámaras captaran el momento de la emotiva reunión entre la niñita y Ricky, para que el público pudiera regocijarse con las buenas noticias. Una vez más, me contestaron que se comunicarían conmigo.

Pasaron tres días y ni la madre de la niña ni la gente de la oficina de Ricky contestaban mis llamadas. Empecé a preocuparme pensando sólo en la pequeñita.

"¿Qué estará pasando? Ay, Dios mío, que Ricky vaya a verla, que pueda hacerlo pronto, antes de que sea demasiado tarde", fue mi oración silenciosa durante varios días.

Una semana más tarde, recibí un mensaje de Nueva Jersey, de la madre de la niña. Pedía que le devolviera la llamada. Lo hice enseguida y cuando contestó, sin siquiera saludar, le pregunté cómo estaba su hija.

—Muy bien, Myrka... ¡contentísima!

—¡Qué bueno! ¡Cuánto me alegro! ¿Cómo está todo?

—¡Ya vino Ricky!

—¿Cómo? ¿Que qué? ¿Cómo que ya fue?

La mujer me explicó que la gente de Ricky le informó que él iría a ver a la niñita, pero que no quería prensa porque, para él, su acto caritativo era un esfuerzo personal y no deseaba que se le hiciera publicidad.

"¡Ay, no puedo creerlo!" Pensé que era una lástima, porque habría sido una nota muy alentadora y positiva para nuestro público. Pero, a la vez, su decisión me hizo admirarlo porque lo había hecho en privado con la intención real de ayudar a la niñita. Su motivación había sido pura y linda y por eso lo felicito y siempre tendré un lugar especial para él en mi corazón.

La madre de la niña me contó que Ricky llegó en una limosina a su humilde barrio en Nueva Jersey. Como todo se planificó en secreto, los vecinos se sorprendieron al ver que del lujoso vehículo salía la gran estrella de la música. Ricky subió a su departamento y llegó con regalos para ambas niñas. Luego, se sentó en el piso con ellas, jugó con las dos, se tomó fotografías con ellas y con su madre, y prometió mantenerse en contacto con la familia.

Le pedí a la madre que por favor me enviara una de esas fotografías para mostrarlas en *Primer Impacto*, pero ella no aceptó porque su cantante favorito le pidió que las mantuviera en privado. Como era de esperar, ella quedó eternamente agradecida y yo también llamé al representante para darle las gracias por su acto de caridad. Desde ese día, ¡Ricky Martin tuvo una fanática más!

Eso sucedió en 1999 y no fue sino hasta finales de 2003 que logré sentarme a entrevistar a Ricky Martin en su casa de Miami Beach. Era la primera vez que abría las puertas de su lujosa mansión frente al mar en la capital del sol. En ese momento, se rumoraba que Ricky mantenía una relación sentimental con la presentadora de televisión mexicana, Rebecca de Alba, porque se les había visto juntos en varios lugares. Ellos habían sido novios años atrás, pero se separaron y ahora volvían a ser pareja. De modo que ésa fue una de mis primeras preguntas, ya que la propia Rebecca dio a entender en varias entrevistas que Ricky era el amor de su vida y que deseaban tener hijos juntos. La actitud de Ricky era muy jovial, se veía relajado y sonrió bastante durante la entrevista. Estaba vestido de forma casual, con playera negra, pantalones kaki y zapatos tipo sandalia de cuero negro. En su hogar, toda la entrevista se llevó a cabo con ánimo informal y relajado.

⚭

Jennifer López

Cuando la actriz y cantante de origen puertorriqueño Jennifer López acababa de terminar su relación con Sean Combs y promocionaba una producción discográfica, tuve el placer de entrevistarla. En ese momento, aparentaba estar soltera y sin compromiso, pero un mes más tarde explotó la noticia de que estaba saliendo con uno de sus bailarines, Chris Judd, quien luego se convirtió en su segundo esposo.

Muchos decían que Jennifer era una diva, que trataba a la prensa sin respeto y siempre llegaba tarde a las entrevistas. Ésa no fue mi experiencia. Me saludó con mucho cariño y lo primero que me dijo fue que lucía más delgada en persona que en la televisión. Yo sonreí y le contesté que me encantaban las luces o *highlights* de su cabello. Ella respondió que el famoso estilista cubano Oribe era el responsable del color de su cabello y comenzamos a hablar de estos y otros temas "de mujeres". Aún conversábamos cuando mi productora anunció que era el momento de comenzar la entrevista.

Jennifer me habló del carácter estricto de su padre cuando ella era adolescente. Me contó cómo surgió su amor por el baile y por la música, y me confesó que su primer amor siempre había sido esta última.

Cuando le pregunté sobre su ruptura con Puff Daddy (su nombre verdadero es Sean Combs), su ex novio, en forma muy respetuosa replicó que deseaba guardar algunas cosas íntimas para ella misma y que no era buena idea ventilar ciertos asuntos en público. Sin embargo, la noté algo melancólica cuando yo mencionaba el nombre de su ex y se lo comenté. Jennifer miró hacia un lado y con tristeza contestó que no era beneficioso para ella hablar de esas cosas.

Al buen entendedor, pocas palabras bastan y yo interpreté que, aunque ya no estaba con Puff Daddy, todavía le guardaba mucho cariño porque estuvieron juntos por un periodo de dos años.

Durante el resto de la entrevista, Jennifer se mostró muy animada e incluso accedió a grabar una promoción junto conmigo para mi programa *Primer Impacto*. Me divertí mucho con ella y me encantaría entrevistarla de nuevo más adelante, ya que opino que, si bien es una mujer inteligente y sabia en el mundo de los negocios, todavía tiene una cualidad infantil y alberga la esperanza de obtener algo más que la fama. Le deseo lo mejor.

ଔଞ୍ଚ

Paulina Rubio

Cuando la mayoría de las personas describe a Paulina Rubio, la palabra "loca" o "alocada" suele formar parte de la descripción. A principios de 2005 tuve el placer de realizar una entrevista más a fondo con la Chica Dorada; nos tocó reunirnos en la ciudad de Nueva York, donde participaba en el desfile de modas de un amigo diseñador, Alvin Valley. Yo no la considero "loca" para nada, aunque obviamente le encanta cometer "locuras" para llamar la atención y provocar controversia, como lo hizo durante la entrega de unos premios en Estados Unidos al voltear de repente y mostrar todo su trasero al desnudo al público.

Lo que más me gustó de mi entrevista con ella es que por primera vez en mucho tiempo, Paulina se veía relajada y dispuesta a tocar temas personales. Tampoco estaba a la defensiva, como suele suceder en su caso. Pero creo que sabía que mi intención al entrevistarla era que su público la conociera un poco más y no atacarla ni destruir su imagen, mucho menos ponerla en una situación de desventaja.

Paulina me sorprendió al decirme que sí estaba pensando en tener hijos con su pareja, Jose María Torre, y que el día que fuese a tener un bebé planeaba retirarse de los escenarios unos cuantos años para dedicarse en cuerpo y alma a ese fruto de su amor. También me dijo que quisiera tener una niña con el pelo rizado y que fuera ¡rebelde igual que ella!

Además de esto me confesó que aún piensa en su ex novio, Ricardo Bofill, como parte de la familia y que siempre se amarán de una forma especial. Le pregunté si esta relación tan cercana con un ex novio no le molestaba a su pareja actual y me dijo que no, que cuando alguien está seguro de su relación no es celoso.

Paulina me habló de la relación tan estrecha que lleva con su madre, la actriz mexicana Susana Dosamantes, y añadió que la relación con su madre y su abuela le enseñó a ser una mujer fuerte e independiente como ellas, y así desea criar a su hija.

Encontré a una Paulina muy cariñosa, tranquila y abierta. Incluso me habló de esa rivalidad tan comentada entre ella y otras artistas como Thalía. Paulina fue muy honesta al decir que seríamos ingenuos si pensáramos que no existe rivalidad entre dos artistas, pero que no es algo que le moleste; más bien, la motiva a hacer un trabajo aun mejor. Agregó que no siente miedo al fracaso y, por consiguiente, no piensa en ello jamás.

Pasé momentos muy agradables con Paulina y quedamos en vernos en alguna otra ocasión en su casa de Miami Beach.

Osvaldo Ríos

El año 2003 fue muy difícil para el actor puertorriqueño Osvaldo Ríos, ya que fue declarado culpable de violencia doméstica en contra de una ex novia. Desde años atrás se venía diciendo que el actor no podía controlar su ira y que en más de una ocasión había golpeado a mujeres, no sólo a la ex novia que entabló una demanda contra él, sino también una ex esposa que declaró en su contra en la corte. A mí me tocó ir a entrevistarlo en su casa de Miami y encontré a un hombre noble que hablaba de su deseo de ver a sus hijos crecer junto a él y de la tristeza que sentía al haber sido declarado culpable de golpear a su ex novia. En ese momento, no se sabía aún si Osvaldo iría a la cárcel o no para cumplir condena por su delito.

Cuando te enfrentas a una persona que ha sido declarada culpable de un crimen, no es fácil ser objetivo porque ya sabes que cometió dicho acto. Sin embargo, yo siempre he procurado ser respetuosa con todos mis entrevistados, sea cual sea la situación, y lo mismo hice con Osvaldo. Además, intento siempre recordar que nadie es perfecto y ninguno de nosotros puede lanzar la primera piedra.

Lo único que deseaba era dar respuestas al público y saber cómo se sentía Osvaldo después del dictamen de culpabilidad. Osvaldo permaneció calmado durante mi entrevista, pero se negó a aceptar su culpabilidad. Mencionó que no deseaba causarle daño a su ex novia e insistió varias veces en que jamás le había puesto una mano encima. Luego, cuando le pregunté si consideraba que sufría un problema de agresión, me aseguró que no y que si lo tuviera, solicitaría ayuda.

Me despedí de él, deseándole con sinceridad lo mejor en la vida y esperando que si en realidad sufría un problema de agresión lo enfrentara lo más pronto posible para que su vida y la de alguna otra mujer no resultaran afectadas una vez más.

Fue una buena entrevista y él se mostró dispuesto a hablar de su situación. Sin embargo, varios días más tarde la productora de entretenimiento me informó que Osvaldo estaba molesto conmigo porque yo le había planteado preguntas sobre la "supuesta" agresión contra otras mujeres y saqué a relucir el hecho de que su ex esposa había testificado en su contra en la corte. Él opinaba que esto no era relevante, pero yo pensé que sí lo era dado que se trataba del mismo tipo de delito contra una mujer que era su pareja.

Mi conciencia quedó por completo tranquila ya que yo formulé las preguntas, aunque fuertes, que ameritaba su caso y en ningún momento mi intención fue humillarlo.

Te cuento esta anécdota para que sepas que no todos los entrevistados quedan contentos con las entrevistas, aunque el periodista haga su mejor esfuerzo por ser respetuoso y justo. Pero así es la vida… y si das lo mejor de ti, no hay más nada que puedas hacer.

ⵣ

Rocío Durcal

Rocío Dúrcal es una de las cantantes más reconocidas y queridas de España, Estados Unidos y América Latina. Tuve el placer de entrevistarla por primera vez en 1995, cuando ella y Juan Gabriel promocionaban una producción discográfica.

En 2005 viajé a Madrid para entrevistar a esta leyenda viviente. Pero esta vez no hablaríamos mucho de la música, sino que nos concentramos en un cáncer recurrente que en esta ocasión afectó sus pulmones. Si la observas en la sección de fotografías de este libro, verás lo radiante y feliz que lucía Rocío durante mi entrevista. Circulaban numerosos rumores sobre su enfermedad y se llegó a decir que estaba en sus últimos momentos. Y ¿qué mejor forma de mostrar la verdad, su verdad, que entrevistándola para mi programa?

Lo que más me impresionó de Rocío fue su amor por la vida y su firme decisión de no darle cabida a la muerte dentro de sus planes. Su espíritu de felicidad y determinación en una grave enfermedad me inspiraron para ser igual de fuerte que ella ante los embates de la vida. Sé que sus palabras darán esperanza a muchas otras personas a las que se les diagnostica cáncer o cualquier otra enfermedad.

En la segunda parte hablo un poco más sobre Rocío, su esposo Antonio, su familia, y la fuente de inspiración que representan para muchas personas.

∽ßᎧ

Joan Sebastian

Hablando de enfermedades y de las personas que las vencen, me toca mencionar al cantante mexicano Joan Sebastian. Lo conocí en 2001 cuando visitó Miami para una premiación. El día que fui a entrevistarlo a su hotel estaba bastante adolorido a causa de un cáncer que afectaba su cuerpo.

Me cayó muy bien y sentí ternura hacia este hombre que atravesaba por un momento tan difícil. Estaba acompañado por su hijo, quien lo cuidaba con mucho cariño y al hablar antes de la entrevista me preguntó si conocía a alguien que diera masajes corporales. Le recomendé a mi masajista.

En mi corta charla con Joan me di cuenta de que es un hombre sabio que ha aprendido mucho de la vida y que enfrentaba con valentía su enfermedad. Es de los que se rehúsa a darse por vencido. Por eso se sometió a los tratamientos ordenados po su médico y también probó la medicina natural o alternativa. Joan habló también de la importancia del amor cuando uno está enfermo o no se siente bien y noté que lo hacía con algo de nostalgia.

Aparte de su enfermedad, nos reímos mucho porque me preguntó si yo había participado en alguna telenovela y si me interesaba la actuación. Le contesté que no, que lo que me gustaba era hacer entrevistas. Quedamos en que en algún momento visitaría su rancho en Juliantla, México, para una entrevista más profunda. Aún espero realizarla; sé que valdrá la pena la espera.

Abraham Quintanilla

Desafortunadamente, el nombre de Abraham Quintanilla se hizo más famoso que nunca debido al asesinato de su hija, la cantante conocida como la Reina del Tex-Mex, Selena Quintanilla Pérez, en 1995. Meses antes de la muerte de Selena, yo la conocí en Miami, durante una presentación que hizo en el Orange Bowl con motivo del Festival de la Calle Ocho. Me llamaron la atención su bondad y su dulzura al hablar, así como su sonrisa constante.

Después de su trágica muerte, viajé a la ciudad de Corpus Christi, Texas, para entrevistar a la familia de Selena. Su padre, Abraham, que también era su *manager*, me dio una entrevista en sus propios estudios de grabación. Me conmovió muchísimo conocer a alguien que acababa de perder a su adorada hija, ya que mi Alexa tenía poco más de un año de edad en ese momento y no me explicaba cómo podría seguir viviendo sin ella.

Abraham fue muy afectuoso conmigo, y mi equipo y yo pasamos largas horas en el estudio, entrevistándolo a él y a otros miembros de la banda de Selena. Nos mostró cintas de video del último concierto de su hija y nos dejó escuchar grabaciones inéditas de algunas canciones que estaba a punto de lanzar al mercado. Sin lugar a dudas, su muerte fue una gran tragedia, pero estoy convencida de que la familia de Selena pudo sentir en carne propia todo el cariño que el público le tenía.

Después de grabar entrevistas durante todo el día, llegó su esposa, la madre de Selena. Yo no sabía qué decirle y sólo atiné a expresar mi pésame sobre la muerte de su hija. "Ay, Dios mío... ayuda a esta familia", pensaba, al verlos tan tristes.

Pero, aun así, Abraham y su familia nos invitaron a cenar a un restaurante de comida mexicana, famoso en Corpus Christi. Yo le había comentado horas antes que me fascinaba la comida mexicana y él fue tan amable que, en medio de su tristeza, decidió llevarnos a cenar. Eso jamás lo olvidaré porque la gente que es amable y cariñosa durante un momento tan difícil en su vida demuestra que su carácter es en verdad bondadoso.

No volví a ver a Abraham y a su esposa sino hasta diez años más tarde, en Houston, Texas, con motivo del anuncio de un concierto que se transmitiría en mi cadena Univisión, en memoria de Selena. Me sentí feliz al poder ver a la familia Quintanilla una vez más, porque siempre que observo imágenes de Selena pienso en su inmensa tristeza y en todo lo que han hecho para mantener vivos el nombre y la memoria de su hija. Sólo le pido a Dios que los siga bendiciendo y que vivan con la certeza de que algún día volverán a verla.

PARTE 2

Consejos para triunfar y ser feliz

Muchas veces les he preguntado a las personas a quienes he entrevistado o a quienes conozco qué es lo más importante que desean en la vida. En su mayoría me contestan que desean, en primer lugar, ser felices, y en segundo lugar, triunfar o lograr el éxito. El éxito es diferente para todos; por consiguiente, cuando se trata de ofrecer consejos al respecto, debemos ser bastante generales o —como he elegido hacer yo— transmitir los consejos que me han dado a mí y los que han funcionado para mí.

Estoy segura de que ustedes, queridos lectores, habrán recibido muchísimos otros consejos importantes a lo largo de su vida y me encantaría saber cuáles han demostrado ser eficaces en su caso. Al final de este libro les daré una dirección y un correo electrónico para que me escriban y compartan conmigo otros consejos que hayan recibido. Creo que todos somos una obra en proceso de crecimiento y podemos aprender los unos de los otros.

Yo me siento sumamente bendecida por haber recibido de mis seres queridos nueve consejos clave que me han ayudado a ser más feliz. A continuación los enumero y ahondaré en cada uno de ellos en las páginas siguientes.

- Haz lo que te apasiona.
- Vive con fe y positivismo.
- El pasado, ¡pasado es!
- Bendice a tus enemigos.
- Vive como si estuvieras a punto de morir.
- Pon tus prioridades en orden.
- Ofrece lo mejor de ti.
- Ofrece todo tu amor.
- Escoge ser feliz.

7. Haz lo que te apasiona

Sin lugar a dudas, sé que Dios creó a cada ser humano con ciertos talentos y virtudes que deben utilizarse para que cumplamos el plan diseñado por Él para nuestra vida. Por ejemplo, si nacemos con gran habilidad artística y mostramos el deseo constante de cantar o bailar, para poder triunfar en la vida debemos desarrollar ese talento al máximo. Si no hacemos lo que nos apasiona, en un momento u otro nos sentiremos frustrados y eso nos ocasionará desilusión y tristeza. El problema es que muchas veces los padres temen que sus hijos desarrollen lo que en realidad aman hacer; en otras ocasiones somos nosotros mismos los que, al madurar, comenzamos a dudar de lo que deberíamos elegir como carrera u oficio.

Sé que es difícil enfrentar el momento de tomar una decisión, pero, según yo, si dudamos, lo mejor es identificar primero qué te apasiona y, a partir de ahí, pensar en cómo podemos usar ese talento y esa pasión en una carrera donde podamos ganar nuestro sustento diario. Algunas personas alegan:

—Pero Myrka, tengo que pagar un carro o mi casa y quiero llevar una vida relajada en la que no necesite preocuparme por el dinero.

Si ése es tu caso, créeme, te entiendo; también yo pensé en todas esas cosas y tal vez por eso no me decidí a ser concertista de piano. Yo fui muy práctica cuando jovencita y creo que, dado que me crié sola con mi madre, desarrollé una gran madurez en estas cosas. Entonces, justo a punto de iniciar la universidad, aunque había ganado una beca para estudiar música, opté por el periodismo. Pero, en vez de hacer a un lado todo lo que me apasionaba, me embarqué en otra cosa que siempre me encantó y para lo que también había demostrado tener talento: la escritura.

Me cuestioné: "Bueno, no vas a ser concertista, pero no puedes dejar la música por completo abandonada porque te fascina. De modo que, ¿qué otra cosa te gusta?". Recordé que gané varios concursos de escritura en la secundaria y que mis maestras me aconsejaban que fuera escritora. Entonces, pensé en el periodismo: haría una especialidad en periodismo, pero también estudiaría música en la universidad. De esta forma me dedicaría a algo que me gustaba y con lo que podría ganarme la vida, y el complemento perfecto sería la música como especialidad menor.

Hoy día, escucho a muchos niños y jóvenes afirmar que su mayor anhelo es escoger una carrera u otra porque van a ganar "mucho dinero". Esto se debe a los programas de televisión y las películas de hoy que tanto glorifican la fama y el dinero. Les aseguro que ése es un gran error. Si ganas todo el dinero del mundo, pero pierdes tu esencia, ¡jamás serás feliz! En cambio, si te dedicas a algo que te apasiona, sentirás que cada día aprendes algo nuevo y te deleitas con tu trabajo, aunque tengas que laborar largas horas y sacrificarte por ello.

Entonces, encontrar algo que te apasione es una de las claves del éxito. Recuerda que lo que es bueno para una persona tal vez no lo sea para otra. Dios hizo de cada uno de nosotros seres únicos y exclusivos. ¿Sabías que ningún ser humano tiene las mismas huellas dactilares que otro? Te imaginas cuántas combinaciones de huellas existirán en este planeta? Es difícil imaginarlo, pero así fuimos creados. Y eso es sólo el exterior, ya sabemos que lo que más importa en un ser humano es su esencia... su alma. Cada uno de nosotros alberga deseos, sueños y necesidades únicos. Por lo tanto, en estos asuntos de saber qué estudiar o en qué trabajar, la decisión deberá ser tuya, algo muy personal.

Si eres adolescente y estás leyendo este libro, ¡no les digas a tus padres que la decisión acerca de lo que vas a estudiar no es de su incumbencia! ¡Ésa no es la forma! En la gran mayoría de los casos los seres que más te quieren son tus padres y ellos desean lo mejor para ti. Tal vez no les guste la que determines que será tu carrera, pero una señal de madurez es ser capaz de hablar con ellos con claridad, con respeto, aunque también con firmeza, respecto de lo que te apasiona y lo que deseas hacer con tu vida. Pero también escúchalos porque son sabios y saben más que tú en muchas cosas. ¡Presta siempre atención a tus padres!

Al leer lo que escribí, me río conmigo misma porque cuando mi madre lea esto, seguro me dirá:

—Mirky, ¡qué bien que les aconsejes eso porque tú no siempre me escuchaste a mí!

Por supuesto, yo también erré en no escuchar siempre a mi madre, y es por eso que ahora se los recomiendo a ustedes. Quisiera que estén conscientes de que Dios nos da a nuestros padres por una razón. Aunque en ciertos momentos creas que los tuyos son los peores padres del mundo y aunque tal vez —por desgracia— no tengas los mejores, todo cumple su propósito y algo aprenderás de ellos. En los casos más tristes, tal vez aprendas a *no* hacer lo que ellos han hecho contigo. Pero, te aseguro, Dios traza un plan para cada uno de nosotros y la felicidad real consiste en seguirlo.

Si ya no eres tan joven y estás leyendo este libro tal vez pienses: "Ya es demasiado tarde, tengo hijos, no estudié una carrera universitaria… ¿qué queda para mí?". ¡Mucho, mi amigo o amiga!, te queda ¡todo el resto de tu vida! ¿Recuerdas el refrán "Nunca es tarde si la dicha es buena"? Pues así es, y yo estoy convencida de que nunca es tarde para pedir perdón, para comenzar de nuevo, para cambiar de rumbo, para hacer las cosas bien. Si algo no te ha funcionado como pensabas o si has sufrido desilusiones —como le sucede a todo el mundo—, levántate, diseña un plan de ataque y arranca con un nuevo rumbo. Si hoy por hoy no puedes cambiar de trabajo, por lo menos hazlo con felicidad y con una actitud positiva. ¡Eso, por sí solo, puede cambiarlo todo!

¿Sabías que tu actitud ante un problema o ante un triunfo es lo que dicta si en realidad serás una persona exitosa? Te explico por qué. Si enfrentas graves problemas hoy y te tiras a llorar en tu cama todas las noches, el problema no se resolverá. Tal vez protestes:

—Myrka, ¡es que mi problema no tiene solución!

Pues si no es una *solución,* todos los problemas tienen una *resolución*; esto significa que algo siempre sucede después del problema y eso sí está en tus manos… ahora mismo.

Si tu problema es que lloras la muerte de alguien querido o el haber tomado una decisión incorrecta de la que no puedes dar marcha atrás porque ya estás sufriendo las consecuencias, asume el control de la situación, controla tu reacción al problema o a la situación. Esto que te estoy aconsejando, me lleva fácilmente al próximo consejo.

8. ¡Vive con fe y positivismo!

¡Intenta en todo momento vivir con fe y con positivismo! Procura encontrar lo que puedes aprender de cada situación, aunque se trate de algo que te haya ocasionado tristeza. Toma en cuenta que incluso las personas más triunfadoras de este mundo han sufrido mucho. Y no es que el sufrimiento sea un requisito para el éxito: quizás estos seres humanos lograron sobrellevar los aspectos negativos, aprender de sus errores y jamás dejarse vencer por ellos... de ahí que se convirtieran en triunfadores y hoy los conozcamos como tal.

Como mencioné antes, si lloras la muerte de alguien querido, un posible paliativo para tu tristeza es reunirte con otros seres cercanos a la persona, hablar de lo que cada uno aprendió de él o ella y realizar un recuento de su vida. Nunca te encierres en tu recámara sin dejar que otros te ayuden en tus momentos difíciles. Por supuesto, no todos sufrimos igual ni reaccionamos igual, pero, aunque pases algún tiempo a solas, no permanezcas así durante semanas y semanas porque no es lo más saludable.

Cualquier psicólogo o psiquiatra te recomendará que si te sientes triste por algo, lo exteriorices; así la pena será más tolerable. En primer lugar, te darás cuenta de que otros seres humanos han sufrido lo mismo que tú y aprenderás algo de ellos que puede serte útil. En segundo lugar, te desahogarás y te percatarás de que la vida continúa y tú también tienes que seguir viviendo. Si te aíslas en tu soledad y te sumes en tu dolor, le abres las puertas a la depresión, y eso puede consumir tu vida. Ten presente en todo momento que no hay sufrimiento que dure toda una vida. ¡Te lo aseguro por experiencia! Déjame contarte.

Cuando me divorcié por segunda vez (¡no me gusta siquiera el sonido de esas palabras, pero, bueno, debo aceptar que así sucedió y seguir adelante!), pensaba que nunca dejaría de sentir ese terrible dolor. Despertaba por la mañana y me decía: "Ay, para qué desperté... ¡otro día más en esta pesadilla!". En ese momento mi mayor sosiego era poder dormir y eso tampoco resultaba fácil porque no tenía paz interior y constantemente le cuestionaba a Dios por qué me había sucedido esta experiencia tan desagradable por segunda vez.

Cuanto más pensaba en mi situación y cuán terrible era lo que me ocurrió, peor me sentía y más me sumía en mi tristeza. Me parecía estar en un hoyo negro que no tenía salida. Eran tanto el sufrimiento y tanta mi desilusión al ver que por segunda vez no había funcionado mi matrimonio que ¡no quería vivir más! Estaba cansada, lo sentía en la espalda... padecía todo tipo de dolores físicos... ¡hasta el corazón me dolía, literalmente! Y es que la mente es muy poderosa. Si sólo piensas en cuán horrible es tu situación y cuán

deprimido te sientes, más negativo será tu estado de ánimo...
y podrás incluso enfermar del sufrimiento.

Créeme, que yo —gracias a Dios— siempre he sido muy
saludable, pero en esa época tan oscura ¡me enfermé muchísimo! Me daban gripes. Perdí la voz por lo menos tres veces,
algo terrible porque tenía que hacer mi programa *Primer
Impacto* en vivo todos los días por Univisión, ¿te imaginas?
Contraje una alergia en la piel que me provocaba ronchas
en todo el cuello; ¿la causa?, el estrés surgido por los acontecimientos de mi vida personal. Perdí mucho peso: en sólo
un mes bajé diez kilos y todos se preguntaban qué andaba
mal conmigo. También desarrollé cálculos en los riñones y,
como ya te conté, tuvieron que hospitalizarme en Seúl, Corea, ¡justo el día de la final de la Copa Mundial de Futbol!

En esa época ya me sentía mejor, pero todo ese sufrimiento
y depresión dejaron huellas en mi cuerpo. Para colmo de
colmos, no quería hacer comentarios sobre mi vida personal
—siempre he sido muy celosa de ella— y nunca hablé en
público sobre mi divorcio. Como es de suponer, los medios
amarillistas deseaban descubrir por qué estaba tan delgada
y por qué no usaba mi anillo de bodas. Eso me afectaba sobremanera y cada vez que leía lo que publicaban las revistas,
lo que estaba viviendo me dolía aún más. Es muy difícil
enfrentar las cámaras avasallada por la desilusión y perca-
tarme de la poco deseada atención que me prestaban la
prensa y otros programas.

Eso ya es cosa del pasado y no quiero que piensen que
me quejo; sé que muchos de ustedes habrán vivido situaciones peores y desilusiones mayores. Lo comparto aquí
para que sepan que siempre sale la luz al final del túnel, que
Dios nos regaló un arcoiris después de cada tormenta como
señal de que Él siempre estará con nosotros, en las buenas y

en las malas. Y, en realidad, ¿quién más nos acompaña, de manera incondicional? Tal vez tus padres, acaso tu pareja y —ojalá que así sea— tus hijos. Pero no todo el mundo es tan dichoso. Yo puedo agradecer el haber tenido siempre a mi madre a mi lado, lo cual es una gran bendición y, por supuesto, desde el mes de diciembre de 1993, a Alexa, mi hija, y mi mayor regalo de Dios.

Sin embargo, es posible que tú que estás leyendo estos párrafos no tengas a nadie en este momento y pienses: "Myrka, lo que tú sufriste ¡no es nada en comparación con lo que yo sufro o con lo que he sufrido!". Lo creo, pese a mi dolor, siempre me he sentido bendecida y protegida por Dios. Además, mi gran fe me ha ayudado a seguir adelante. Por eso te recomiendo que siempre confíes en que todo lo malo y lo negativo llegan a su fin en un momento dado. Dios está contigo y, aunque en ocasiones pienses que se ha olvidado de ti o de tus circunstancias, no es así, no te ha abandonado. Si ahora atraviesas por un tiempo tormentoso, pronto llegará tu propio arcoiris, te lo aseguro. ¡No pierdas la esperanza! ¡Ya lo verás!

Con seguridad habrás leído en algún momento, en una tarjeta o en un libro, el conocido mensaje titulado *Huellas*, o *Footprints*, en inglés. A mí me lo regaló mi madre hace muchos años en una placa que conservo colgada en mi recámara y que ahora te presento. Describe de una manera hermosa lo que he expresado.

Dice así:

Huellas

Un día, un hombre tuvo un sueño.
Soñó que caminaba por la playa con Dios.

Mientras veía el cielo se iluminaban
varias escenas de su vida.
Al ver cada una de ellas se dio cuenta
de que habían dos pares de huellas en la arena:
unas eran la de sus pies y las otras las del Señor.

Cuando llegó a la última escena de su vida,
el hombre miró hacia atrás
y contempló las huellas en la arena.
Observó que en muchas ocasiones
sólo había un par de ellas
y se dio cuenta de que eso sucedía
en los momentos más difíciles y tristes de su existencia.

Esto le molestó y decidió cuestionar a Dios:
"Señor, tú dijiste que si decidía seguirte,
tú caminarías conmigo a lo largo de mi vida.
Pero he notado, Padre,
que en los momentos más difíciles de mi vida
sólo hay un par de huellas en la arena.
No entiendo por qué cuando más te he necesitado,
me has dejado solo.

El Señor le respondió: "Mi hijo, mi hijo tan preciado,
yo te amo y jamás te abandonaría.
Durante esos momentos de prueba,
de tanto sufrimiento para ti,
cuando ves que sólo hay un par de huellas…
es porque yo te estaba cargando.

¿Qué te parece? Te toca el corazón, ¿no es cierto? Es un
mensaje muy lindo y poderoso, pero no pienses que todo

queda ahí, en la palabra escrita. En efecto, Dios nos ama, nos lleva de la mano y nos carga si así lo necesitamos. Por eso y gracias a ello contamos con fuerzas renovadas para recomenzar una vez que pasen los momentos difíciles.

Lo que a mí me ayudó en medio de esa "tortura" —porque eso sentía que era— fue albergar la certeza de que Dios no me había abandonado y que en algún momento cesaría mi sufrimiento y llegarían tiempos mejores. No sabía *cuándo* ni *cómo*, pero estaba segura de que ese momento tan triste y duro terminaría. Eso se llama fe. Según el diccionario, fe es: la creencia en cosas que no se ven y la esperanza de las cosas que vendrán. No es algo palpable ni tangible, pero se siente en el corazón, y eso es lo que deseo para ti.

Si has perdido la fe, comienza hoy por creer que nuestro Padre Todopoderoso, el que puede más que cualquier maldad en este mundo, está de tu lado; basta que le pidas que te ayude y te proteja para que así sea. De hecho, Él lo hace aunque no se lo pidas, pero es mejor cuando lo sientes en tu corazón. Si estás convencido, sin duda alguna, de que, pase lo que pase, tu vida está en Sus manos, sentirás una gran paz y sabrás que todo será mejor algún día. Si tu actitud es de mayor impaciencia —"Pero yo quiero estar mejor ahora mismo… ¡no puedo esperar más!"—, te comprendo y lo único que puedo decirte es que no te desesperes. Todo llega a su momento y quizá tengas que aprender algo en medio de toda esta pena.

Recuerdo que en la depresión que viví mi buen amigo (y maquillista) Lazz me comentaba:

—Myrka, Dios no te va a dar lo que tú *quieres*, sino lo que realmente *necesitas*.

¡Cuánta sabiduría hay en esas palabras! Por favor, repítelas y reafírmalas: "Dios no te da lo que tú *quieres*, sino lo que *necesitas*".

En ese momento lo único que anhelaba era que mi esposo regresara a casa y que nuestro matrimonio funcionara. Le rogaba a Dios que hiciera que volviera; de hecho, se lo pedí todos los días, durante casi un año entero. Y aunque sí tenía fe en que el problema se resolvería de alguna manera, no entendía por qué me sucedía eso. No quería sufrir más, deseaba conservar mi matrimonio intacto para toda la vida. Pero ahora que han pasado más de tres años de esa odisea, me doy cuenta de que hoy estoy mejor sin esa persona. Ya he tomado conciencia de por qué las cosas sucedieron como sucedieron y le puedo dar gracias a Dios por ello. Pero todo requiere tiempo y tu problema no se acabará hasta que no deba ser así. Sin embargo, en tu fuero interno posees la capacidad para mejorar la situación que vives hoy mismo. ¿Cómo?, con tu actitud. De ahí la necesidad de adoptar una actitud de positivismo, además de la fe.

Piensa ahora en lo que permites que entre a tu mente. ¿Son positivos tus pensamientos: "Voy a sobrellevar esto… voy a estar mejor… voy a ser feliz… todo se arreglará"? ¿O son negativos: "Nunca más seré feliz… este problema me llevará a la tumba… qué desdichada soy"? ¿Cuál de estos dos tipos de pensamientos se asemeja a los tuyos?

O bien, podrías aducir:

—Myrka, en cuanto se resuelva este problema, podré ser positiva y ¡conseguiré sonreír de nuevo!"

Por desgracia, las cosas no suceden así. El proceso funciona a la inversa.

—¿Cómo es eso? —me preguntarás.

Bueno, la actitud de positivismo debe llegar antes de que tu situación cambie o mejore. Nuestra mente es muy poderosa y mi consejo es que te concentres en cómo vas a salir adelante. Si piensas en cosas positivas y te alientas a ti mismo, buscando maneras de vencer la situación, de seguir tu camino y obtener el éxito, te sentirás mejor y más preparado para ganar la batalla. Pero si, en contraste, eliges pensar que jamás triunfarás, que siempre vivirás en la pobreza, o que nunca encontrarás al amor de tu vida... así será también. Entonces, ponte los guantes de batalla y decide ganar, decide que obtendrás el éxito de una vez por todas. Reprograma tu mente. No podemos ser pasivos y dejar que el sufrimiento y los acontecimientos negativos nos arrastren como una ola gigante. No, es fundamental pensar en lo bueno que tienes, en las bendiciones que has recibido hasta ahora, y cuando debas sobrellevar algo, hacerlo con una sonrisa en los labios. Créeme... esto funciona.

Y si no me crees, por lo menos pruébalo durante varios días. Si tienes una jefa o jefe horrible que pretende hacerte sentir que no cuentas con los conocimientos suficientes o un compañero que suele causarte problemas con sus mentiras, mañana ve a tu trabajo con una nueva actitud: entrega lo mejor de ti, trabaja más de lo que te piden, trata a tus compañeros con bondad y procura ayudar a tu prójimo. Verás cómo cambian las cosas. Adorna tu rostro con una sonrisa y atraerás a la gente. Si tú te ocupas de cambiar tu mente para pensar en cosas positivas, Dios se encargará de transformar tu vida para bien.

Desde luego, cambiar tu mente no resulta tan fácil. Acaso lo logres por un tiempo y el siguiente lunes regreses a lo mismo. Si, debido a tus circunstancias, no eres una persona positiva, esa actitud se construyó durante años y, por consiguiente, también tomará tiempo la transformación; es mucho pedir que de súbito modifiques tu manera de pensar. Pero sí puedes lograrlo. Como sucede en muchas situaciones, es posible que tropieces y caigas varias veces... pero incorpórate e intenta pensar con optimismo; un día descubrirás que ya lo haces con facilidad y que esa determinación se convierte en parte de ti.

Es hermoso que la gente pueda decir de nosotros: "Mira, siempre le sonríe a la vida". Pero quienes le sonríen a la vida no siempre han recibido lo mejor de ella; es su actitud la que cambia la situación y provoca ese reflejo de felicidad. Tampoco los que sonríen son siempre en verdad felices; es sólo que hay que comenzar con lo que está a nuestro alcance y una sonrisa no cuesta.

Es importante tener en la mente cosas lindas y positivas, ver lo bueno que sí existe en cada ser humano... y luego, las cosas se acomodarán en su lugar. Es un hecho que no faltarán los sufrimientos y los momentos difíciles, pero de esta manera podrás tolerarlos y, por qué no, vencerlos. Esto no significa que no llores, lo que te pido es que no te sumas en la depresión ni te concentres en lo negativo.

Vive con positivismo y alcanzarás más éxito a largo plazo. Y lo mejor que puedo regalarte al leer este libro es que logres sentir más fe en ti, en quienes te rodean, en la vida y —está de más decirlo— en Dios.

Quiero compartir contigo un escrito anónimo que me enviaron por correo electrónico. Ha impactado a numerosas personas y demuestra lo que es la verdadera fe. Ojalá lo disfrutes.

La fe

¿Por qué te confundes y te agitas
ante los problemas de la vida?
Déjame al cuidado de todas tus cosas
y te irá mejor.

Cuando te entregues a mí,
todo se resolverá con tranquilidad,
según mis designios.

No te desesperes y no me dirijas una oración agitada,
como si quisieras exigirme el cumplimiento de tus deseos.
Cierra los ojos del alma y dime con el alma:
"Jesús, yo confío en ti".

Evita las preocupaciones angustiosas y los pensamientos
sobre lo que puede suceder después.
No estropees mis planes queriéndome imponer tus ideas.
Déjame ser Dios y actuar con libertad.
Entrégate con confianza a mí.
Reposa en mí y deja en mis manos tu futuro.
Dime frecuentemente: "Jesús, yo confío en ti".

Lo que más daño te hace es tu razonamiento
y tus propias ideas,
es querer resolver las cosas a tu manera.
Cuando me digas: "Jesús, yo confío en ti",
no seas como el paciente que le pide al médico
que lo cure, pero le sugiere el modo de hacerlo.

Déjate llevar por mis brazos divinos,
no tengas miedo, yo te amo.
Si crees que las cosas empeoran
o se complican a pesar de tu oración,
sigue confiando, cierra los ojos del alma y confía.
Continúa diciéndome a toda hora:
"Jesús, yo confío en ti".

Necesito las manos libres para poder obrar.
No me ates con tus preocupaciones inútiles.
El enemigo quiere eso.
Quiere agitarte, angustiarte y quitarte la paz.
Confía sólo en mí. Reposa en mí. Entrégate a mí.
Yo hago los milagros en la proporción
de la entrega y la confianza que tienes en mí.

Así que no te preocupes,
deja que cargue con todas tus angustias
y duerme tranquilo.
Dime siempre: "Jesús, yo confío en ti"
y verás grandes milagros.

Yo te lo prometo por mi amor,

Jesús

Lee también este pensamiento del genial escritor Paulo Coelho, quien es, sin duda, uno de mis favoritos. Este fragmento es de su libro *Manual del guerrero de la luz* y dice así:

El guerrero de la luz confía

Porque cree en milagros,
los milagros empiezan a suceder.

Porque está seguro de que su pensamiento
puede cambiar su vida,
su vida empieza a cambiar.

Porque está convencido de que encontrará el amor,
este amor aparece.

De vez en cuando se decepciona. A veces, recibe golpes.
Entonces, escucha comentarios: "Qué ingenuo es".

Pero el guerrero sabe que vale la pena.
Por cada derrota, tiene dos conquistas a su favor.
Todos los que confían lo saben.

Por favor, no te desilusiones
en medio de tu triste situación,
pídele a Dios las fuerzas y ten fe en que
Él te las dará...
¡y en qué medida!

9. El pasado, ¡pasado es!

Si preguntas a muchos por qué viven sin ilusión o con tanta tristeza, te responderán:

—Bueno, en realidad no es mi culpa... mis padres no me amaron lo suficiente... no se sacrificaron por mí...

O bien:

—Quedé huérfano y por eso hoy no tengo nada.

Eso me recuerda lo que el niño argumenta cuando sus padres le preguntan por qué obtuvo bajas calificaciones en la escuela:

—Es que la maestra no me explica bien.

¿Te parece familiar?

O el adulto que contesta en el trabajo:

—No fue mi culpa... mi compañero no me explicó lo que tenía que hacer o no me dieron la información de manera correcta.

Lo vemos en las noticias cada día; un criminal acusado de abuso o de asesinato le responde al juez:

—Es que de pequeño mis padres abusaron de mí… o nunca recibí el cariño que tanto necesitaba, por eso decidí matar a estas niñas.

Has escuchado cosas así, ¿no es cierto? Las excusas están a la orden del día, ¿no te parece? Tal vez otras personas te hayan dado un sinnúmero de excusas o tú las hayas ofrecido, el caso es que hoy día hay una para todo. Casi nadie dice:

—Pues sí, en realidad cometí un error y es totalmente mi culpa.

Las excusas nos las damos a nosotros mismos, pensamos: "Mi matrimonio no funcionó porque él tenía muy mal genio… o su madre era un horror conmigo".

La verdad es que si hoy somos violentos o tratamos a otros sin cariño, simplemente se debe a que hemos enfrentado uno que otro problema, a que nos hemos permitido reaccionar de esa forma y sólo podemos culparnos a nosotros mismos. Mucho más importante que eso es que este tipo de personalidad no nos permitirá seguir adelante. Las personas que culpan a otros por sus problemas no aprenden de sus errores y, peor aun, vuelven a cometer los mismos una y otra vez… o sea, ¡tropiezan con la misma piedra en muchas ocasiones! Eso sí es terrible porque limita sus horizontes y no les permite avanzar.

Si observas a quienes han alcanzado el éxito, te darás cuenta de que son personas que, al igual que todos, cometen errores. La diferencia es que ellos asumen su responsabilidad, saben que no son perfectos y constantemente buscan una forma mejor de hacer las cosas. No te avergüences de las decisiones incorrectas, aprende de ellas, déjalas atrás y avanza con más sabiduría y fortaleza. Todos tenemos la oportunidad de aprender de nuestro pasado. Pero, ojo, eso no significa que vivas en el pasado y te consumas por lo sucedido en el pasado. Tu pasado, ¡pasado es! ¡Responsabilízate, corrige el error si puedes, aprende la lección y sigue adelante!

Comprendo que cuesta mucho olvidar que alguien te hirió o que alguien se aprovechó de tu bondad o te traicionó, pero son cosas de la vida y misterios que no siempre podemos descifrar. Por tanto, déjalo atrás.

Quiero compartir contigo este otro pensamiento de Paulo Coelho, que forma parte de su libro *Manual del guerrero de la luz*. Y si guardas algún resentimiento o necesitas dejar atrás algo, léelo en voz alta.

El guerrero mantiene el recuerdo del pasado.
Conoce la búsqueda espiritual del hombre,
sabe que ella ya escribió
algunas de las mejores páginas de la historia.
Y algunos de sus peores capítulos:
masacres, sacrificios, oscurantismo.
Fue usada para fines particulares,
y vio a sus ideales servir de escudo
para intenciones terribles.
El guerrero ya oyó comentarios del tipo:
"¿Cómo voy a saber que este camino es serio?".
Y vio a mucha gente abandonar la búsqueda
por no poder responder a esta pregunta.
El guerrero no tiene dudas:
sigue una fórmula infalible.
"Por los frutos conocerás el árbol", dijo Jesús.
Él sigue esta regla, y no yerra nunca.

El recuerdo del pasado, como dice Coelho, es vital para escoger el camino correcto a seguir, puesto que si hemos sido maltratados o sólo hemos sentido el odio en carne propia, sabemos que eso *no* es correcto y debemos luchar por no repetir el patrón.

Mi amigo Lazz me dijo un día que las personas exitosas o triunfadoras dejan de ser víctimas, aunque en algún momento realmente lo hayan sido. Además, no perpetuan el ciclo de victimización. Por ejemplo, si tú fuiste víctima de abuso físico o verbal en tu infancia, por parte de tus padres u otro adulto, deja la herida en tu pasado y jamás seas tú el victimario. Muchos adultos que fueron maltratados de pequeños hacen lo mismo con sus hijos e intentan explicarlo con un simple:

—Lo aprendí de mis padres… son mis genes.

Recuerdo muy bien a un amigo cuyo padre lo maltrataba y él me confesó tener miedo de hacerle lo mismo a sus propios hijos. Yo le dije:

—Bueno, si ya sabes lo horrible que se siente, de seguro no lo harás con tus hijos.

—Pero es que está en mis genes y es difícil luchar contra eso —replicó.

¡No es así! ¡No creas eso! Nosotros tenemos la fortaleza que Dios nos da para sanar esas heridas y gozar de una vida mejor. Esto incluye ponerle fin al círculo vicioso. ¡Deja de ser víctima! Si tienes el deseo y la determinación, puedes reunir la fuerza para no continuar ese círculo de mal genio que tal vez heredaste de tus padres… o el de abuso o hasta de pobreza.

—¿De pobreza? ¿Y eso qué tiene que ver? ¡Yo no soy culpable de haber nacido en una familia pobre! —me dirás.

Por supuesto que no es tu culpa, son cosas inexplicables de la vida. Pero lo que sí te digo es que no estás obligado a permanecer en la misma situación. Puedes levantarte y buscar un mejor futuro. En el mundo hay cientos de miles de niños que nacieron en las familias más pobres, en las peores situaciones, y lograron estudiar o crear un negocio y salir adelante. En efecto, en muchos casos alguien los ayudó, pero en otros sólo la determinación de acero de ese niño logró sacarlo de su condición.

Recuerdo que hace unos años leí un libro que me convenció de que en las situaciones más tristes, el espíritu de superación de un ser humano puede salvarle la vida y ayudarle a obtener el triunfo. El libro se llama *A child called IT* (Un niño llamado ESO sería la traducción literal), de Dave Pelzer. Es la historia de su vida. Su madre no lo llamaba por su nombre, sino se refería a él como "eso" porque para ella ni siquiera era un ser humano. Cuando niño Dave fue sumamente maltratado y abusado por su madre alcohólica y, peor aun, su padre no hizo nada por ayudarlo. Era un hombre tan débil que se limitó a abandonar a la familia porque no soportaba ver cómo su mujer abusaba de su hijo mayor.

El libro lo leí en una noche; lloré y se me partió el alma al pensar en lo que este pobre niño tuvo que sufrir a manos de su propia madre. No te contaré todo, pero, a manera de ejemplo, en uno de los episodios de abuso, la madre lo hizo beber cloro y cuando el niño vomitó con la garganta quemada por completo, lo obligó a ingerir su propio vómito. Si bien sé que es fuerte, considero necesario que sepas el abuso extremo que vivió este pobre niño.

Lo cierto es que en este mismo instante, mientras tú lees este libro, hay millones de pequeños en el planeta que viven situaciones similares, y aun peores; ¡son angelitos que jamás pidieron llegar a este mundo y que sufren los horrores más abominables!

¿Por qué hablo del tema? Porque el autor, después de escribir un libro sobre los abusos de su madre, contó cómo logró salvar su vida, se convirtió en un exitoso escritor y cuando tuvo a sus hijos, logró *detener* el ciclo de abuso con ellos. Hubiese sido muy fácil, y la sociedad lo habría entendido, si él se hubiera justificado:

—Yo abuso de mis hijos por lo que mi madre me hizo a mí… ser un mal padre es mi herencia genética.

Pero no fue así y por eso su vida ha sido un éxito… consiguió terminar ese tormento y se convirtió en el padre que siempre anheló haber tenido. En vez de culpar a su madre por ser alcohólica y a su padre por ser débil, decidió obtener ayuda psicológica, sanar sus heridas y ser un buen padre y un buen esposo. Hoy día su vida se ha coronado con el verdadero éxito, el alcanzado a pesar de las circunstancias.

Por eso es esencial que dejes el pasado en el pasado. Sin embargo, cuidado con eso, porque tampoco es saludable no lidiar con los problemas ocurridos en éste si aún tienes heridas abiertas. Busca ayuda de un ser querido o de un profesional si así lo necesitas. No dejes que las cosas se agraven en tu interior. Después de comprender los sucesos del pasado —o si no es así, por lo menos ver cómo afectan tu vida de hoy—, podrás mirar hacia adelante y decidir que no permitirás que tu pasado dicte tu futuro. Esto es vital: *no dejes que tu pasado dicte tu futuro.*

Como ya mencioné, aunque te sientas débil, posees la fortaleza con la que Dios te dotó para controlar tus emociones y optar por mejorar tu futuro. Todos tenemos la oportunidad de gozar de una vida mejor… todos. Lo único que necesitas es dar un paso hacia adelante, con valentía, sin culpar a tus antepasados ni a los problemas enfrentados. Rompe tú mismo el ciclo, aprende del pasado y sigue adelante.

Ya que hablé de buscar ayuda profesional, eso fue lo que yo tuve que hacer, y no me avergüenzo de ello. No sé por qué hoy día muchos se resisten a admitir que alguna vez requirieron o que requieren ayuda profesional para poder lidiar con sus dificultades del pasado y dejarlas ir. Si tú eres de los que piensan: "Yo no estoy loco, no necesito un psiquiatra o un psicólogo que me ayude con mis problemas", puedes estar seguro de que somos muchos los que hemos podido sanar nuestras heridas con esta ayuda tan benéfica. Yo te lo recomiendo cien por ciento... no es malo en absoluto y el hecho de necesitar apoyo no significa que estés loco ni desequilibrado, mucho menos que seas débil. También he escuchado decir muy a menudo que los únicos que necesitan ayuda psiquiátrica son los débiles. Yo opino que es a la inversa, que la gente débil es la que se rehúsa a enfrentar sus llamados "demonios" en la terapia psicológica porque prefiere no tener que pensar en esos problemas. Te pido que no seas una de esas personas. Para eso estamos los seres humanos en este planeta, para ayudarnos los unos a los otros.

Además, en ocasiones nuestro problema puede resolverse de manera sencilla, pero no nos percatamos por nuestro tremendo sufrimiento. Tal vez padezcas la pena causada por el fallecimiento de una persona amada o por algo para lo cual en realidad no hay solución, pero ese experto en psicología puede escucharte y darte una perspectiva refrescante sobre tu situación. Entonces podrás decir para tus adentros: "No lo había pensado... no lo veía así... ahora me doy cuenta de cuál es el problema", o bien: "Intentaré hacer las cosas de una forma un tanto diferente". Otras veces, lo que te hace falta es que alguien te escuche y te ofrezca una mano amiga cuando deseas llorar. Te lo digo, amigo, amiga, por experiencia, la ayuda profesional puede ser tu salvación. Búscala si sientes que la necesitas. Y si piensas que no es así, pero aún no logras salir de tu encierro o de tu tristeza, haz la prueba, por lo menos permítete hablar con alguien y verás cómo te sientes mejor.

No obstante, es muy importante que durante todo el proceso te conduzcas con positivismo y elijas de una vez por todas dejar tu pasado en el pasado. Cuando sepas cuál es tu problema y te enfrentes a él con miras a resolverlo, lucha por sanar las heridas que te causó y mira al frente.

Algo que puedes hacer al respecto es —como ya mencioné— controlar tu mente. Usa el control de tus pensamientos para sentirte mejor y abandonar el agujero en el que te has sumido. Concéntrate en lo bueno y positivo que puedes hacer con tu vida y olvida lo que han hecho otros. Deshazte de lo malo y haz tú el bien... sé bueno con tus hijos y ten tu propia familia, ¡aunque tus padres hayan sido los peores del mundo! El día que puedas disfrutar de una verdadera familia, lograrás curarte. Todo lo que no tuviste, dáselo a tus hijos... así se sanan has heridas, haciendo el bien.

Este paso es de singular relevancia para poder triunfar y ser feliz. Te lo repetiré: "El pasado, pasado es". Si es necesario que escribas este consejo en notitas y las conserves en toda tu casa, en tu oficina, en tu billetera, donde sea... no dejes de hacerlo, pues eso te ayudará a dejar las heridas del pasado en el pasado.

No digo que las olvides por completo; también es recomendable recordar lo que aprendiste de ellas, pero lo que no quiero es que sigas *sufriendo* por lo mismo, año tras año. Cuando no podía superar mi sufrimiento después de mi segundo divorcio, el psicólogo me dijo algo valiosísimo:

—Si un año después de lo sucedido aún sufres por lo mismo, es demasiado… tienes que hacer algo y poner de tu parte para dejar de sufrir.

Es muy cierto; no todos sufrimos igual ni nos damos el mismo tiempo. Hay personas más fuertes que otras, pero yo quiero alentarte para que tú seas de las fuertes. ¡Decídete ahora mismo a dejar de sufrir!

—Y ¿cómo lo hago, si sigo pensando en lo terrible de mi situación? —podrías rebatirme.

Mi respuesta sería: condiciona tu mente y concéntrate en realizar otras cosas que te hacen feliz. No sigas pensando en lo que te pasó, en esa persona amada que te dejó, en que jamás encontrarás una pareja, en que todos se aprovechan de ti. Asume el control de tu mente y afirma cosas positivas para tu vida. En vez de lo negativo, piensa: "Voy a ser feliz en medio de esta circunstancia, voy a reír con quienes están a mi lado, le daré gracias a Dios por lo que sí tengo en mi vida, triunfaré, saldré adelante y nada ni nadie me detendrá". Recuerda tu espíritu de fe y positivismo y deja el pasado ahí mismo… en el pasado.

10. Bendice a tus enemigos

Éste es otro consejo que hoy te puedo dar gracias a mi amigo Lazz. Cuando le conté que alguien quería hacerme mal y siempre parecía salirse con la suya a pesar de su deshonestidad y sus mentiras, él me contestó:

—Myrka, pídele a Dios que bendiga a los que te hacen mal y tú serás feliz.

Quizá pienses que esto no tiene sentido y que resulta muy difícil, porque lo que menos deseamos es bendecir a un enemigo o a alguien que sólo nos desea mal. Pero mi amigo es sabio y si no le creen a él, esto mismo nos dice la Palabra de Dios... En la Biblia leemos: "Bendice a tus enemigos y Dios te recompensará a ti". De modo que si tú bendices a aquellos que te desean mal o te maltratan, recibirás más bendiciones del cielo. Pruébalo y verás.

Te cuento que comencé a enviarle bendiciones a esa persona, con lo que logré desviarla de mi camino y, aunque aún es rencorosa, a mí no me afecta porque Dios me ha bendecido tanto que ya no tengo que lidiar con ella en mi diario vivir. Y si necesitaba aún más confirmación de que esta actitud funciona, un día, al llegar a casa, mi madre me sugirió:

—Mirky, hay que orar mucho por esas personas que a lo único que se dedican es a decir cosas inventadas y feas de ti; hay que pedir que Dios las bendiga tanto y sean tan felices ¡que no tengan tiempo de pensar en ti!

Lee esto con calma:

> *Pero yo les digo: amen a sus enemigos,*
> *y oren por quienes los persiguen.*
> *Así ustedes serán hijos de su padre que está en el cielo;*
> *pues Él hace que su sol salga sobre malos y buenos,*
> *y manda la lluvia sobre justos e injustos.*
> *Porque si ustedes aman solamente a quienes los aman,*
> *¿qué premio recibirán? Hasta los que cobran impuestos*
> *para Roma se portan así.*
>
> *Y si saludan solamente a sus hermanos,*
> *¿qué hacen de extraordinario?*
> *Hasta los paganos se portan así.*
> *Sean ustedes perfectos, como su padre*
> *que está en el cielo es perfecto.*

Mateo 5: 44 - 48

Esta forma de pensar te ayudará a triunfar porque lograrás evitar el resentimiento. El resentimiento es un mal que penetra tu corazón, que pronto puede apoderarse de tu vida y afectar todo lo que haces. Conozco personas que le guardan tanto rencor a alguien por algo que les hizo, que se dejan consumir por el odio, el rencor y la envidia. Lo patético del asunto es que los únicos envenenados con esos sentimientos son aquellos que los albergan en su interior. Si tú odias o le guardas rencor a alguien que te ha hecho un mal, eso te envenena sólo a ti, porque es posible que la persona en cuestión ni siquiera sepa lo que sientes o, peor aun, que no le interese. Además, toda la energía que consumes al odiar a alguien o desearle cosas malas, podrías usarla para mejorar tu vida y pensar en cosas positivas o en la gente que en realidad lo merece. La vida es demasiado corta para malgastar tu tiempo en lo negativo. Toma en cuenta que no sabemos cuándo nos iremos de este mundo: ¿dentro de veinte o treinta años? ¿O en los próximos cinco minutos? Si vas a vivir varias décadas más, usa mejor todo ese espléndido tiempo para hacer realidad tus sueños… eso por sí solo exigirá bastante esfuerzo. Y si Dios te llama en los próximos minutos o los próximos días, sería una lástima que usaras ese tiempo tan preciado enfocando tu mente en alguien o en alguna situación que no te aporta nada. Mejor pasa tu tiempo con la gente que te quiere y enriquece tu vida.

Hace unos días, al tomarme las fotografías para la portada de este libro, hablamos sobre este mismo tema… mi multicitado amigo Lazz y yo. Otra persona que nos escuchó preguntó:

—¿Cómo es eso de bendecir a tus enemigos? ¡Yo no sería capaz de hacerlo!

Yo también pensaba de esa forma, pero te aseguro que sí eres capaz. Mira, no tienes que convertirte en el mejor amigo de esa persona que hoy día te está causando un mal o que te odia; no se trata de eso. Pero, de lejos y desde tu corazón, puedes pedirle a Dios que la bendiga. Aunque no quieras hacerlo, hazlo. Ruégale a Dios que calme, que cambie tu corazón, y, con sencillez, pídele que le envíe muchas bendiciones. Dios prometió, en sus palabras, que si hacemos esto, Él nos bendecirá aún más a nosotros y... ¡eso siempre viene bien! Así que si no me crees, simplemente pruébalo y comprobarás que sí eres capaz de hacerlo.

La mejor forma de vivir es sin odios ni rencores. Tú no puedes hacer nada si alguien te desea mal o si te odia sin razón... pero puedes intentar ofrecer bendiciones en vez de más rencor de vuelta.

Si le brindas a alguien bendiciones en vez de más odio, al final serás más feliz y triunfarás. Y piensa en algo: ¿cómo se sentirá esa persona al ver tus triunfos continuos y compararlos con el amargo resentimiento en el que ella se sume cada vez más? No quiero que tengas espíritu vengativo porque eso no lleva a nada bueno, pero, insisto hasta el cansancio, tú recibirás más y más bendiciones y disfrutarás de más cosas buenas que llegarán a tu vida, si logras bendecir a tus enemigos.

Y, por supuesto, antes de poder bendecir a un enemigo, tenemos que perdonarlo. Tal vez porque muchas veces nos negamos a perdonar a quienes nos han hecho mal, no logramos bendecirlos. Lee lo que dijo Jesús sobre el perdón, cuando deseaba enseñar a sus discípulos cómo debían perdonar en verdad al prójimo. La parábola del funcionario que no quiso perdonar sirve para ilustrar lo que todos debemos hacer.

Jesús dijo así en su palabra, en el libro de Mateo 18: 23-35:

Por esto, el reino de Dios es como un rey
que quiso hacer cuentas con sus funcionarios.

Estaba comenzando a hacerlas,
cuando le presentaron a uno
que le debía muchos millones.
Como aquel funcionario no tenía con qué pagar,
el rey ordenó que lo vendieran como esclavo,
junto con su esposa, sus hijos y todo lo que tenía,
para que quedara pagada la deuda.
El funcionario se arrodilló delante del rey y le rogó:
"Señor, tenga paciencia conmigo y se lo pagaré todo".
Y el rey tuvo compasión de él;
así que le perdonó la deuda y lo puso en libertad.

Pero al salir, aquel funcionario se encontró
con un compañero suyo que le debía una pequeña
cantidad. Lo agarró del cuello y comenzó a ahogarlo,
diciéndole: "¡Págame lo que me debes!".
El compañero, arrodillándose delante de él, le rogó:
"Ten paciencia conmigo y te lo pagaré todo".
Pero el otro no quiso,
sino que lo hizo meter en la cárcel
hasta que le pagara la deuda.
Esto dolió mucho a los otros funcionarios,
que fueron a contarle al rey todo lo sucedido.

Entonces el rey lo mandó llamar y le dijo: "¡Malvado!
Yo te perdoné toda aquella deuda porque me lo rogaste.
Pues tú también debiste tener compasión
de tu compañero, del mismo modo que yo tuve
compasión de ti. Y tanto se enojó el rey que ordenó
castigarlo hasta que pagara todo lo que debía.
Jesús añadió: "Así hará también con ustedes

mi padre celestial, si cada uno de ustedes
no perdona de corazón a su hermano".

De modo que ya ves, es un mandato divino. Y créeme que éstos existen sólo para que nuestra vida sea mejor y dé mejores frutos. Sé que es difícil perdonar y luego bendecir a nuestros enemigos, pero es posible.

11. Vive como si estuvieras a punto de morir

Al hablar de no malgastar nuestro preciado tiempo, recuerdo una canción que escuché por primera vez hace unas semanas, pero que me impulsó a hacer una pausa y reflexionar en la letra (de hecho, antes de decidir si una canción me gusta o no, me encanta escuchar y conocer bien la letra). Soy amante de la música, desde la clásica hasta la *country*, y, si bien para mí la melodía siempre es importante, la letra puede ser impactante, en especial si piensas que te hablaba a ti directamente. Con seguridad en algún momento habrás escuchado algo y sentido que el cantante te habla a ti. Pues te cuento que ¡a mí me ha pasado numerosas veces! ¡Y de qué manera! Ya te imaginas, ¿no?

De regreso a la canción, la tocaron en una estación que no sintonizo con regularidad pero, como anunciaron el nombre del cantante Tim McGraw, cuyas interpretaciones suelo disfrutar, decidí escuchar esta nueva canción. ¡Qué mensaje tan precioso me transmitió!... y de ahí proviene mi siguiente consejo. La canción se titula *Live like you were dying* (Vive como si estuvieras a punto de morir). Pese a su título, no se trata de nada deprimente; por el contrario, invita a adoptar una forma de vivir que te ayudará a disfrutar cada momento al máximo.

La letra habla de un hombre cuyo médico le diagnosticó una enfermedad mortal, pero que, por un milagro de Dios, logró salvarse y curarse. Él le narra su experiencia a un amigo y éste le pregunta:

—Bueno, y ¿cómo te sentiste cuando te dieron la noticia de que ibas a morir?

—Decidí que iba a escalar montañas, que iba a lanzarme en paracaídas, que iba a amar más intensamente y hablar con más dulzura... en fin, decidí que iba a vivir como si estuviera a punto de morir —le respondió.

La canción continúa diciendo que todos debemos adoptar esta forma de vivir porque, en realidad, nunca sabemos cuándo será nuestro último día, minuto o segundo en esta vida. Algunas personas me han dicho:

—No, no quiero ni pensar en la muerte... me da miedo pensar en eso, quiero ser positivo.

La verdad es que la muerte nos llegará a todos y no por no pensar en ella te librarás de tu destino. Ahora bien, lo que sí podemos hacer es emplear la certeza de la muerte para mejorar nuestro diario vivir. Si nunca piensas en que cada día te acercas más a la muerte, tampoco usarás cada momento de tu vida en las mejores circunstancias. ¿Cuántas veces no malgastamos nuestro tiempo al permanecer un buen rato enojados con un ser querido, al irnos a dormir sin pedir perdón, al disgustarnos por tonterías o dejar que alguien insignificante nos despoje de nuestra paz interior? Todos lo hemos hecho en algún momento. A mí me ha pasado, pero, gracias a Dios y a lo que he aprendido, con constancia me esfuerzo para ubicar mis prioridades en el lugar correcto y no sufrir por pequeñeces.

Piensa en lo siguiente: si te dijeran que morirás en dos años, ¿qué harías de manera diferente de como actúas hoy? ¿Irías de inmediato a visitar a tu madre? ¿Le dirías a tu pareja que la perdonas y le darías un beso? ¿Conversarías con tu hijo y le pedirías perdón por algo que no has hecho? ¿Le hablarías a tu mejor amiga y la invitarías a almorzar? ¿Saldrías de viaje a ver las maravillas del mundo?

Detente un momento y piensa en cuál sería tu reacción si supieras con certeza que morirás en veinticuatro meses. ¿Cuántas cosas decidiste hacer al recibir la noticia? Ahora bien, ¿qué harías si te dijeran que morirás en dos meses? ¿Cómo cambiarías tus respuestas? Serían algo diferentes, ¿no?

Al pensar en estas cosas te darás cuenta de lo que es en realidad significativo en tu vida. Siempre es importante recordar que de este mundo no podremos llevarnos nuestros automóviles, casas, joyas o ropa; lo único que nos llevaremos es el amor de nuestros seres queridos. Y nuestro legado consistirá en el amor y el cariño que hayamos brindado a nuestros hijos, a nuestros demás familiares y a otros seres queridos. ¿Estás de acuerdo en que todo cambia cuando pensamos de esta forma?

Es posible que repliques:

—Ay, Myrka, yo soy joven y tengo toda una vida por delante, ¡no voy a pensar en esas cosas!

O:

—Soy sumamente saludable y tengo mucho por hacer... Dios no me va a llevar en estos momentos.

Siento decirte que eso no lo sabemos ni tú ni yo, sólo nuestro Creador conoce el día de nuestro nacimiento y el día en que nos llamará a su seno. De hecho, vivir con la certeza de que cada día estamos más cerca de nuestra muerte te ayudará a poner en perspectiva lo que es en verdad importante para ti. Estoy segura de que si supieras que vas a morir en unos días, llamarías a alguien primero y le dedicarías más tiempo a la gente que amas. Muy pocos decidirían enojarse con alguien en esos días o comenzar a pelear con su pareja, o irse de compras…

Esa certeza te ayudará a poner en orden tus prioridades y te demostrará lo que amas en realdad. A veces perdemos la perspectiva de lo que es importante porque nuestro trabajo, nuestros problemas, o acaso el anhelo de ganar más dinero o triunfar en una carrera o un oficio, se apoderan de nosotros y nos ciegan a lo valioso y duradero.

Hace unos años me enviaron por correo electrónico uno de esos mensajitos que luego debes mandar a otras diez personas… ¿sabes a qué me refiero? Era un pensamiento muy lindo que hablaba de nuestras prioridades, de nuestras familias y seres queridos, y de cuánta gente le regala su vida a un trabajo y muere sin nada duradero. Al final decía: "Nadie ha llegado a su lecho de muerte pensando: 'Debería haber pasado más tiempo en el trabajo'". Cuán cierto es esto. Creo con firmeza que hay que luchar y sacrificarse por lo que deseas en este mundo, pero todo debe llevarse a cabo con un balance saludable.

Por tanto, después de haberte hablado del sacrificio y del arduo trabajo, también quiero que sepas que lo que más merece nuestro sacrificio y esfuerzo es el amor al prójimo: nuestros seres queridos, hijos, padres, hermanos y amigos cercanos. Ni más ni menos. También, si ya cuidas como es debido a estas personas importantes en tu vida, puedes ofrecer más amor y cariño a otros… eso siempre viene bien. Pero lo que jamás debes hacer es menospreciar a la gente que te quiere y luchar con ánimo incansable hasta morir por las cosas tangibles. Esas cosas que puedes tocar no valen nada… ¡nada! Y con fuerza sostengo que hay miles de personas en este mundo que, quienes las ven desde lejos, piensan que son muy afortunadas; parecen tenerlo todo: una buena carrera, fama, fortuna, belleza. Pero, al refugiarse en su recámara, no pueden estar a solas con sus pensamientos; hacerlo les duele, saben que en su interior están vacías. ¿Por qué? Porque les falta lo que en realidad vale algo: amor y calor humano.

¿Sabías que un bebé que cuenta con el alimento y el calor necesarios, si no tiene a alguien que lo toque… o sea, si no disfruta el calor humano y no siente amor… literalmente muere? Ésa es una prueba fehaciente del valor del calor humano, del amor de nuestros seres queridos.

De tal manera, mi consejo para triunfar y sentirte feliz es: ¡vive hoy como si éste fuera tu último día en esta tierra! Si tienes que escoger entre salir de compras o pasar tiempo con alguien a quien amas, escoge lo segundo, no sabes cuándo dejarás de ver a esa persona por largo rato. Si vives así y alimentas más tu espíritu que tu exterior, te sentirás más satisfecho, enfrentarás menos problemas al darte cuenta de que lo que implican no vale la pena, y destinarás más tiempo a lo que sí es trascendental y aporta algo positivo a tu vida.

Tal vez ahora me cuestiones:

—Eso es muy fácil decirlo y suena muy bonito, pero, ¿realmente se puede hacer?

Yo creo que sí. Desde hace unos años he intentado vivir así y tengo un gozo que no se basa sólo en mi carrera, ni en el dinero que gano, ni en el coche que conduzca; va mucho más allá de eso. Por supuesto que comprarte algo que deseas te trae algo de diversión y felicidad, pero éstas son pasajeras. Tampoco es malo salir a comprarte algo nuevo si así lo deseas. Me refiero en especial a las personas que luchan en forma constante, día y noche, sin parar, para ganar más dinero, o que se consumen para alcanzar la fama y, cuando la obtienen, luchan incansablemente para tener más y más éxito... más y más dinero... casas más grandes... barcos más lujosos... etcétera, y nunca están satisfechas... siempre quieren *más*. Siempre hay y habrá algo *más* que podemos hacer y siempre existirá alguien con mayor éxito que nosotros. Pero para todo en la vida hay un equilibrio perfecto y si te excedes de uno u otro lado, no eres feliz. Entonces, lo que nos ayuda a poner todos nuestros deseos y sueños en perspectiva es pensar qué haríamos si supiéramos que vamos a morir pronto. Piensa en esto hoy, no lo veas como algo negativo... piensa en ello y observarás que te ayudará a ser más feliz y a triunfar.

12. Pon tus prioridades en orden

El día que me enteré de que esperaba un bebé tenía veintisiete años y me dije: "Mirky, ahora todo va a cambiar". Quizás esta idea te asuste si aún no tienes hijos, pero no se trata de eso. El que las cosas cambien no significa que empeoren. Más bien, traer un hijo al mundo transforma la perspectiva de tu vida, pero siempre es para mejorar.

En primer lugar, creo que tener un hijo te ayuda a ser menos egoísta. No te sientas mal por serlo, es parte de nuestra naturaleza humana; pero, ahora que ya te diste cuenta, intenta evitarlo tanto como te sea posible. Cuando tienes un hijo —y esto nos sucede en especial a las madres—, las prioridades cambian de inmediato. Hace años escuché un concepto que con gusto comparto contigo, ya que tiene todo el sentido del mundo:

"Ser madre es llevar tu corazón al descubierto por el resto de tu vida."

Llevarlo al descubierto significa que tu corazón ya no es tuyo, vive en ese pequeñito que es parte de ti. Si ya eres madre, estarás de acuerdo conmigo en que, una vez que tienes a tu hijo, piensas primero en él y luego en ti. Creo que casi toda madre en este mundo no dudaría en lanzarse frente a un auto que avanza a toda velocidad con tal de salvar a su hijo. Es el famoso instinto maternal, el cual prevalece también en los animalitos. La época en la que una osa está más furiosa es cuando acaba de parir y sus crías están cerca. Mata a quien se aproxime a ellas. Lo mismo acontece con los perros: aunque son animales domésticos, cuidan muy celosamente a sus cachorritos y hasta la perra más dócil se convierte en una leona si alguien quiere agarrarlos. Entonces, ¿cuánto estamos dispuestos los seres humanos a sacrificar por nuestros hijos? Es muy sencillo: para una madre o un padre, el bienestar de ese pequeño angelito se convierte en su prioridad número uno, y soy de la opinión de que así debe ser.

En segundo lugar, tener un hijo te enseña a amar de verdad. Te das cuenta de lo que es el amor real, un amor puro por el que estás dispuesto a todo sin obtener recompensa alguna. Además, recibes tanto amor incondicional de esa criatura que te necesita y cuya vida vas a moldear, que esto te plantea un gran reto. El solo hecho de convertirte en madre o padre te cambiará y hará de ti un mejor ser humano.

Quiero aclarar un punto importante: al abordar el tema de las prioridades y de que es necesario ponerlas en orden, te describo cuáles son las mías, pero de ninguna manera te "dicto" cuáles deben ser las tuyas. Todos somos libres de ordenar nuestras prioridades como deseemos. Pero una cosa sí es cierta: habrá consecuencias si tus prioridades en la vida no se ordenan de manera correcta. Por ejemplo, si estás casado y tu pareja e hijos no son tu prioridad número uno, puedes apostar a que enfrentarás serios problemas en tu unión familiar. No serás todo lo feliz que puedes ser.

Bueno, como ya mencioné, al recibir esa maravillosa noticia supe instintivamente que, cuando diera a luz a mi hija, ella sería mi absoluta prioridad. Como ya he comentado, amo mi carrera y soy una de esas personas dichosas que puede trabajar en algo que disfruta a plenitud. Sin embargo, mi hija está primero. Así lo decidí; sabía que no sería feliz de otra forma. Aunque tus prioridades sean distintas de las mías, debes saber qué es lo que valoras en primer lugar, en segundo, y así sucesivamente. De tal modo, en el momento de tomar una decisión, no habrá confusión y sabrás cuál es el camino adecuado.

Me parece que también en el caso del padre la primera prioridad debe ser su familia. En nuestra sociedad es muy común que la prioridad de los hombres sea su carrera o su trabajo y que la familia y los hijos sean la prioridad de las madres. Ésa es una disparidad inoperante. La mujer nunca está satisfecha pues siente que se sacrifica por el hombre y por sus hijos, y… ¿quién se sacrifica por ella? Desde mi punto de vista, el hombre se equivoca si piensa que, cuanto más trabaje y más dinero traiga a casa, mejor. Para mí eso nunca ha sido lo más relevante. Por supuesto, quieres que tu pareja tenga metas y desee superarse, pero, en mi caso al menos, nunca me han atraído los hombres que trabajan y trabajan y no quieren nada más para su vida. Tener una casa grande o buenos coches, o poder salir de vacaciones y hospedarte en lujosos hoteles no te dará la felicidad. Sí, las cosas de ese tipo son agradables y para quienes nunca las han tenido tal vez sean una de sus metas, pero, sin duda, el tesoro más grande que se puede disfrutar en este mundo es tu familia: tus padres y seres queridos, y, más aún, tu pareja y tus hijos.

Cuando veo que un hombre ama a su esposa, está dedicado a sus hijos y desea su bienestar sobre todas las cosas, y es en verdad feliz con su familia, me parece aún más atractivo. He hablado de esto con muchas amigas: ¡qué atractivo resulta un hombre enamorado de su mujer y devoto de sus hijos! Así que, hombres, si quieren lucir más atractivos, sigan este consejo: ¡amen a sus esposas o parejas y quieran mucho a sus hijos! Estoy segura de que recibiré cartas sobre esto que he escrito. ¡Espero que mis lectores masculinos no se quejen mucho! Al releer mis palabras me han causado risa, pero este libro lo escribo para que me conozcas mejor. En él planteo mis ideas y mis pensamientos sobre lo que a mí me hace feliz, y ofrezco mis humildes sugerencias que creo pueden ser de utilidad a mis lectores. Estoy consciente de que no todos pensamos igual y yo respeto tu opinión, pero esta obra la escribí como si contestara a las preguntas formuladas en una entrevista hecha por ti, lector, lectora.

Pero regresemos al asunto de las prioridades. Al respecto te recomiendo que te detengas y elabores una lista en tu mente de lo que en realidad es importante para ti.

Tal vez me digas:

—Coincido contigo, para mí también lo más importante en la vida son mis hijos y mi familia.

Pero acaso seas alguien que trabaja día y noche para mejorar en el trabajo, ganar más dinero y ofrecerle más a tu familia. Ese esfuerzo es loable y digno de admiración, y sí, tienes mucho mérito al hacerlo. Pero tal vez debas preguntarle a tu pareja y a tus hijos si prefieren un automóvil nuevo o pasar más tiempo contigo.

El tiempo no tiene precio. Es de esas cosas intangibles en las que no pensamos, pero que es de lo que más carecemos en nuestra sociedad y lo que más necesitamos. Piensa en esto: si tu pareja te dice todos los días cuánto te ama, pero nunca está contigo, ¿sentirás y te conectarás con ese amor del que tanto habla? Si tu padre te dice que te quiere muchísimo, pero nunca revisa tus calificaciones de la escuela y no está disponible para que le hables de tus problemas, ¿sentirás y te conectarás con ese cariño? Es probable que no. Muchos niños se convierten en adultos pensando que sus padres no los aman. ¿Cuál será la razón? Es muy posible que sus padres los amen con locura, pero que simplemente no hayan dispuesto del "tiempo" necesario para demostrárselos. Pero, entonces, ¿de qué sirvió todo el cariño?

Esos adultos de ahora podrían justificar a sus padres con un:

—Por lo menos tuve una casa grande y, gracias al sacrificio de mis padres, pude estudiar en buenas escuelas.

Desde luego que eso es importante en grado sumo. Parte de nuestro deber como padres es ofrecerles a nuestros hijos lo mejor dentro de nuestras posibilidades. Eso nadie puede criticártelo y debes sentirte orgulloso por sacrificarte por tus hijos. Pero yo opino que hay que encontrar ese balance perfecto —¡o casi perfecto, porque la perfección no existe!— para no sólo entregarles "cosas tangibles" a nuestros hijos, sino darles también de nuestro preciado "tiempo". ¡El tiempo es lo que más necesitamos y lo que menos tenemos! ¡Qué triste!, ¿no?

Por lo anterior, si ponemos nuestras prioridades en orden, tal vez necesitemos decir *no* con mayor frecuencia, pero cuidaremos lo más valioso. Si descuidas lo importante en tu vida por ascender en tu trabajo o por ganar más dinero, al final serás una persona muy "pobre"… pobre en espíritu, pobre en amor, y eso no te llevará ni al triunfo ni a la felicidad.

Ya me parece escucharte:

—Myrka, mira, soy el presidente de mi compañía gracias a mi esfuerzo… o soy el mejor en esto o lo otro.

Eso lo aplaudo, pero, ¿y tu familia? Con el paso del tiempo te darás cuenta de que todo aquello que sacrificaste, todo lo que diste, todos esos años de tu vida, los invertiste en algo que ¡no valió la pena! No niego la importancia de nuestro trabajo, de ninguna manera, pero no podemos permitir que éste nos defina como seres humanos. No somos lo que hacemos… no somos nuestro "trabajo u oficio". Lo que nos define como seres humanos es quiénes somos cuando estamos en nuestro hogar. ¿Qué tipo de madre o padre eres? ¿Qué tipo de esposa o esposo eres? Para mí, ésa es la esencia de nuestro ser.

Es difícil ver las cosas de esa forma dado nuestro deseo intrínseco de triunfo y de que el mundo nos vea tener éxito. Pensamos que si formamos parte de las listas de los "triunfadores", que si llegamos a ganar tanto o a comprar esto o aquello, seremos felices. Pero no es así; puedes tener todo lo que el dinero es capaz de comprar y no ser feliz. A la inversa, si has ordenado tus prioridades y construyes algo con esfuerzo pero con el balance correcto para tu vida, podrás gozar de esos momentos de felicidad y sentirte como un triunfador.

Consideremos el caso de Marlon Brando, fallecido en fechas recientes, y uno de los actores más reconocidos de nuestros tiempos. Era guapo, tuvo un sinnúmero de mujeres, éxito, fama y mucho dinero… pero, ¿de qué le sirvió? Murió solo y triste. Mucho se habló de sus problemas familiares, que fueron del dominio público y en los cuales no deseo ahondar porque no quiero hacer eco de su infelicidad. Pero sí lo tomo como un ejemplo de que ni la fama, ni todo el éxito del mundo, ni el dinero, generan por sí solos el verdadero triunfo ni la verdadera felicidad, y eso es lo que deseo para ti. Quisiera que te concentraras en lo que es en realidad significativo en este mundo.

Hace unos años circuló por Internet este escrito que quiero compartir contigo porque me parece genial y muy apropiado para lo que intento explicar.

> *¿De qué le sirve al hombre ganar el mundo entero,*
> *si se pierde o se destruye a sí mismo?*

Lucas 9:25

También quisiera compartir contigo este otro escrito de la Santa Palabra porque a mí me ayudó sobremanera al profesar mi fe y luchar por poner a Dios en el primer lugar en mi vida.

> *Ya se acerca el fin de todas las cosas.*
> *Por eso, sean ustedes juiciosos*
> *y dedíquense seriamente a la oración.*
> *Haya sobre todo mucho amor entre ustedes,*
> *porque el amor perdona muchos pecados.*
> *Recíbanse unos a otros en sus casas,*
> *sin murmurar de nadie.*
> *Como buenos administradores de las variadas*
> *bendiciones de Dios, cada uno de ustedes sirva*
> *a los demás según los dones que haya recibido.*

> *Cuando alguien hable, sean sus palabras*
> *como palabras de Dios.*

Cuando alguien preste algún servicio,
préstelo con las fuerzas, con las fuerzas
que Dios le da. Todo lo que hagan,
háganlo para que Dios sea alabado
por medio de Jesucristo,
a quien pertenece la gloria
y el poder para siempre.

Queridos hermanos, no se extrañen de verse
sometidos al fuego de la prueba,
como si fuera algo extraordinario.
Al contrario, alégrense de tener parte
en los sufrimientos de Cristo,
para que también se llenen de alegría
cuando su gloria se manifieste.
Dichosos ustedes, si alguien los insulta
por causa de Cristo, porque el glorioso espíritu de Dios
está continuamente sobre ustedes.
Si alguno de ustedes sufre, que no sea por asesino,
ladrón o criminal, no por meterse en asuntos ajenos.
Pero si sufre por ser cristiano,
no debe avergonzarse, sino alabar a Dios por ello.

Primera Carta de Pedro 4: 7-16.

13. Ofrece lo mejor de ti

Quiero comenzar este capítulo con el siguiente pensamiento, también de Paulo Coelho:

Jesús decía: "Que tu sí sea un sí, y que tu no sea no".
Cuando el guerrero asume una responsabilidad,
mantiene su palabra.

Los que prometen y no cumplen, pierden el respeto
hacia sí mismos, se avergüenzan de sus actos.
La vida de estas personas consiste en huir;
ellas gastan mucha más energía dando una serie
de disculpas para deshonrar
lo que dijeron, que la que usa el guerrero
de la luz para mantener sus compromisos.

A veces él también asume responsabilidad tonta,
que derivará en su perjuicio.

No volverá a repetir esa actitud,
pero, aun así, cumple con honor lo que dijo
y paga el precio de su impulsividad.

Si piensas tal vez que me contradigo al sostener que debes concentrarte en las cosas importantes y no trabajar en exceso, pero a la vez hablo ahora de siempre luchar por obtener la excelencia en todo, quiero explicarte que la excelencia la mido de acuerdo con lo *mejor* que *yo* puedo dar con mis talentos, con *mi* inteligencia y con mi esfuerzo. Pero, como cada ser humano es distinto, lo que es excelente para mí, quizá sea mediocre para otra persona que es más inteligente. ¿No es así?

Por eso mi madre siempre me decía:

—Mi hijita... ¡lucha por la excelencia y da lo mejor de ti!

Debo luchar por ser la mejor, pero si no lo alcanzo no tengo que avergonzarme si en mi interior sé que di lo mejor de mí. Ése es el barómetro ideal... dar lo mejor que tú puedas dar. Si así lo haces en todo, obtendrás mucho más éxito de lo que pensabas y te sentirás satisfecho con tu trabajo, porque sabes que mejor no lo podrías haber hecho. El problema se presenta cuando en nuestro corazón sabemos que podríamos haber hecho algo mejor.

El sentimiento de no haber hecho algo bien y el de culpabilidad son terribles y mucha gente vive con ellos. Tenemos que corregir nuestros errores. Si hemos herido a alguien, debemos pedirle perdón e intentar corregir lo que hicimos mal. Si no nos hemos esforzado al máximo en nuestro trabajo, no recibiremos toda la recompensa que podríamos obtener. Yo siempre le digo a mi hija:

—Jesús te está mirando y aunque tú creas que estás sola, Él sigue tus pasos y ve lo bueno y lo malo que haces.

Ésas eran las palabras de mi madre y recuerdo que cuando estaba sola, yo quería hacer las cosas bien. Si se me caía un pedazo de papel en el piso, lo recogía y lo echaba en la basura; no quería defraudar a Dios y, más aún, deseaba sus bendiciones.

Este tipo de pensamiento tal vez te parezca tonto e infantil, pero para mí nunca lo fue y es más real hoy que antes. Al ser ya adulta me doy cuenta de que si sabes que Dios, el Todopoderoso, el que tiene en sus manos todo el Universo, está pendiente de ti, te sentirás más confiado de que Él controla todo lo que te pasa, lo bueno y lo malo. Además, esto será un buen incentivo para seguir dando lo mejor de ti, aun cuando te sientas cansado y pienses que nadie te está viendo.

Asimismo, creo firmemente que Dios bendice a la gente que se esfuerza por dar lo mejor de sí, en todo lo que hace. No importa si eres basurero, jardinero, guitarrista o presidente de una empresa, siempre debes luchar por la excelencia en tu trabajo particular. Y si le vas a hacer un favor a alguien, hazlo completo. No digas que sí y luego, si te aburres, dejes la tarea a medias. Entonces ¿para qué te comprometiste a ayudar, no te parece? Es posible que alguien, después de comprometerse a ayudarte en algo, haya aducido mil excusas para no llevar a cabo su promesa; y, aunque en realidad no puedes reclamarle porque se trata de un favor, esto siempre deja un sabor un tanto amargo. La ley de oro aplica en este caso : "Hazle a tu prójimo lo que deseas que te hagan a ti".

Es difícil lograrlo, lo sé, pero es algo que nos ayuda a ser mejores seres humanos y ni nuestra carrera, ni el dinero, ni las cosas más bellas del mundo, son más importantes que nuestro desarrollo y que intentemos hacer con otros lo que desearíamos que ellos hicieran con nosotros. Si todos pusiéramos este bello principio a funcionar a nuestro alrededor, tendríamos un mundo mejor, ¿no crees?

Siempre debemos comenzar con nuestra propia transformación para luego seguir con nuestro entorno: nuestro círculo íntimo, nuestro lugar de trabajo, nuestra ciudad y comunidad, nuestro país y ¡el mundo entero! En efecto, creo que cada uno de nosotros es capaz de marcar una diferencia en este mundo.

Esto me hace pensar en una canción que cantábamos en la primaria:

Let there be peace on earth and let it begin with me.

O en español:

Que haya en la tierra paz y que ésta comience en mí.

Dar lo mejor de ti se aplica, no sólo a tu familia y a tus seres queridos, sino también a tu trabajo y hasta al jefe que tanto te molesta. Si no confías en que al dar lo mejor de ti serás más feliz, por lo menos pruébalo por un tiempo. Te aseguro que verás un cambio en quienes te rodean. Es increíble, pero en el planeta hay tantas personas sin integridad, que cuando ves a alguien que sí la tiene, que hace las cosas bien hechas sin importar si va a recibir recompensa o no, lo admiras, quieres ayudarlo y formar parte de su equipo. Las personas que más me han inspirado son personas que viven con integridad y que se han dedicado a hacer su trabajo con excelencia, cualquiera que éste sea.

Además, ¿que es lo que seguramente casi todos los padres les decimos a nuestros hijos?: "Haz lo mejor que puedas hacer". Y si queremos que ellos destaquen en todos los aspectos de su vida, debemos enseñarles con nuestro ejemplo. Es esencial que nos vean dedicados a nuestra actividad, bien se trate de poner un cuadro en la pared, de tocar el saxofón en una banda, de participar en una iglesia o de desempeñar nuestro papel de padres. Esto último es lo más valioso que se llevan los niños, nuestro ejemplo viviente.

14. Ofrece todo tu amor

Ofrecer todo nuestro amor podría ser parte de mi consejo anterior. Pero, para mí, dar nuestro amor a todos es tan importante que decidí hablar de ello por separado.

Amar a quienes nos aman y a quienes son buenos con nosotros es bastante fácil, ¿verdad? La auténtica prueba consiste en hacernos el firme propósito de tratar a todos con amor.

"Cómo?", te preguntarás, "y ¿con qué propósito?"

Bueno, estoy convencida de que, cuanto más amor brindemos a los demás, más amor recibiremos, y no siempre de las mismas personas. Desde luego, el amor no puede ofrecerse esperando una recompensa de esa persona, pues sería una contradicción de la misma definición del amor.

Es muy común escuchar en las bodas un escrito muy lindo de la Biblia que describe lo que el amor es en realidad y cuáles son sus cualidades. Dice así:

Si hablo las lenguas de los hombres
y aun de los ángeles, pero no tengo amor,
no soy más que un metal que resuena
o un platillo discordante.
Y si hablo de parte de Dios,
y entiendo sus propósitos secretos,
y sé todas las cosas, y si tengo la fe necesaria
para mover montañas,
pero no tengo amor, no soy nada.

Y si reparto entre los pobres todo lo que poseo,
y aun si entrego mi propio cuerpo para ser quemado,
pero no tengo amor, de nada me sirve.

Tener amor es saber soportar.
Es ser bondadoso.

Es no tener envidia,
Ni ser presumido, ni orgulloso, ni grosero, ni egoísta.

Es no enojarse ni guardar rencor.
Es no alegrarse de las injusticias, sino de la verdad.

Tener amor es sufrirlo todo,
Creerlo todo,
Soportarlo todo.

El amor jamás dejará de existir.

I Corintios 13: 1-8
Santa Biblia, Versión Popular

Qué beneficioso resultaría para todos poder amar de esta forma, ¿no? O que nos amaran así, ¿no te parece? ¡Sería lo mejor del mundo! El hecho de que esté en la Palabra Santa no significa que sólo Dios puede amarnos de esta forma. Nosotros también somos capaces de amar así, y no hablo sólo del amor de pareja, sino del amor a nuestros hijos, a nuestros familiares y amigos, a nuestros compañeros de trabajo y hasta a la gente que encontramos en la calle.

Hace unos años leí un libro en el que se afirma que el amor verdadero es una "decisión", no un "sentimiento". Ahora veo cuán cierto es esto. Es fácil amar al que es bueno con nosotros y al que nos quiere, pero las cosas se dificultan cuando una persona no nos trata bien o cuando pensamos que ya dejamos de amar a alguien. Ahí es cuando hay que poner en práctica eso de nuestra "decisión" de demostrar amor y vivir en amor.

Estoy segura de que quienes deciden ofrecer amor incondicional a los demás y luchan por lograrlo cada día de su vida, recibirán inmensas bendiciones. Por supuesto, hablamos de una lucha constante, ya que nuestra primera reacción al enfrentarnos a un problema o, peor aun, a una persona que nos causa problemas, es tratarla con ira y no con amor.

En mi trabajo, al igual que ha de haberte sucedido a ti, me he enfrentado con personas problemáticas y conflictivas cuyo único propósito es causarle daño a los demás. Y, por supuesto, es en extremo difícil tratar a este tipo de personas con amor; definitivamente, yo no siempre lo he hecho. Pero cuando en algún momento lo he conseguido, he observado que, a medida que pasa el tiempo y la persona se da cuenta de que la tratas con bondad y cariño a cambio de su odio o rencor, empieza a suavizarse un poco y muy a menudo cambia de actitud contigo. Si no me crees, pruébalo con alguien con quien interactúes que siempre parezca estar enojado, de mal humor o que simplemente sea "odioso", y verás los resultados.

La persona que trata a otros con amor es mucho más feliz a largo plazo y su conciencia está limpia por completo. El que odia y trata a los demás con ira y rencor se envenena a sí mismo y ese comportamiento se convierte en un círculo vicioso: cuanto más veneno ofrece, más recibe, y es difícil romper el ciclo. Bueno… hasta que llegue alguien que intente amarlo y demostrarle cariño, aunque no lo merezca.

15. ¡Elige ser feliz!

Este consejo es sumamente importante para ser feliz y es la acción de escoger y decidir de una vez por todas que ¡sí vamos a ser felices! Tal vez me cuestiones:

—¿Cómo voy a ser feliz si tengo mil problemas?

O quizá:

—Cuando encuentre la solución o cuando me cure de esta enfermedad, entonces seré feliz.

Sin embargo, según me han dicho personas sabias en mi vida, la felicidad, al igual que el amor, no es siempre un simple sentimiento, sino una decisión personal.

Si no, ¿cómo se explica que personas que, pese a vivir un momento muy difícil, como una enfermedad mortal o el despido de su empleo, tienen ánimos para sonreír? Es evidente que estas situaciones le provocarían tristeza y desilusión a cualquiera, pero los que vencen estos obstáculos con mayor rapidez y con más frecuencia son los que se deciden de una vez por todas a ser felices en sus circunstancias. Ahí mismo, en medio del dolor, deciden que no van a lamentarse y que encontrarán la felicidad en otras cosas que aún tienen o que ven a su alrededor, por ejemplo, el amor de sus hijos o el simple reflejo del sol en el mar.

Si tu sueño más anhelado no se hizo realidad, ¡crea uno nuevo y comienza otra vez! Tal vez eso que tanto quieres no sea lo mejor para ti, y de eso ya te hablé antes.

En mi opinión, siempre habrá algo en nuestra vida de lo cual podemos lamentarnos y si nos concentramos en lo negativo en vez de lo positivo, siempre seremos infelices. Hubo un tiempo en que veía todo oscuro y no podía vislumbrar el final de la oscuridad. Probablemente lamenté mi situación demasiado tiempo y, como consecuencia, sufrí más de la cuenta. Hoy día, he aprendido que si algo no funciona como yo deseo o si algo me sucede que parece ser negativo, tengo que enfrentar el problema, intentar mejorar la situación y, por último, elegir ser feliz dentro de la condición que vivo. Como comenté al principio del libro, mi madre siempre me dijo, desde pequeña, que la vida es muy corta… y ahora sé que así es. No pierdas tanto tiempo como yo, decide hoy mismo que vas a ser feliz y busca las cosas lindas en lo que para el mundo puede ser feo.

Un vivo ejemplo de esta actitud es la famosa cantante española Rocío Durcal, quien hoy lucha contra un cáncer recurrente. En fecha reciente fui a su casa de Madrid para realizar una entrevista exclusiva con ella; ahí charlamos sobre su enfermedad y sobre cómo puede mantener su sonrisa en medio de una pesadilla. Ya perdió el cabello y, aunque en el momento de mi visita ya le estaba saliendo de nuevo, aún no podía teñírselo como deseaba. Si no conoces a Rocío Durcal —cosa que me parece difícil—, debes saber que es una mujer preciosa y, sobre todo, muy coqueta, que ha sido cantante y actriz desde niña y, por tanto, vive de su imagen.

Podrás imaginar lo difícil y deprimente que ha de ser para una mujer que vive de su imagen pública perder el cabello frente a todos y enfrentarse a diario a duros tratamientos de quimioterapia que también afectan su cuerpo. En definitiva, el cáncer no es para los débiles o ¿será que los afectados se hacen fuertes cuando encaran esta dura enfermedad?

Pues te cuento que Rocío aún sonreía cuando la vi… aún se maquillaba y, en vez de lamentarse por la caída de su cabello, planificaba ya el color que llevaría pronto, cuando su médico le anunciara que podía hacerlo.

—¿En algún momento te has sentido triste? —le pregunté.

—No… eso no pasa por mi mente —me contestó firmemente y sin titubear.

Además, todos sabemos que el cáncer puede ser una sentencia de muerte, en especial si ya has sufrido otro, pero Rocío me reiteró una y otra vez que jamás pensó en la muerte y que no se dejaba ni deprimir ni lamentarse por su enfermedad.

"¡Qué mujer tan fuerte… es digna de admiración!", pensé.

La propia Rocío me dijo que, si bien su forma de pensar quizá sea irreal, la ayuda a seguir viviendo con una alta calidad de vida. Está concentrada en lo bueno que aún tiene: su esposo, sus hijos, sus nietos y el amanecer de cada día que aún puede disfrutar.

También tuve el gusto de conocer a su esposo, Antonio, que obviamente es su amor y su mano derecha. Durante más de treinta y cinco años ha estado al lado de Rocío, no sólo amándola sino ofreciéndole consejos sobre su carrera y protegiéndola en todo lo que puede. Ella me contó que él la cuidaba en todos los aspectos, en detalles personales como su enfermedad y en lo profesional. Además, él me mostró con orgullo las fotografías de sus nietos, unos gemelitos preciosos, así como de su hija menor, Shaila, que estaba cantando en México.

Fue una gran inspiración conocer a una familia del medio que sigue tan unida y con tanto amor. Ellos reiteraron lo que ya sabemos... que sin el amor de tu pareja y tus hijos, no hay fama ni dinero que valgan.

Salí de su hogar con un nuevo respeto hacia esta famosa cantante, el cual nada tenía que ver con su forma de cantar, aunque es una de las mejores. Todos debemos aprender de estas personas que en medio de la tragedia, eligen ser felices. Te lo digo a ti, querido lector, lectora, y me lo digo a mí misma, es para nuestro bien... si elegimos ser felices, ¿qué pasará? Pues ¡seremos más felices!

16. Gracias a Dios

Termino con este capítulo titulado "Gracias a Dios", no porque sea el menos importante, sino porque es lo más importante en mi vida y quiero que si algo van a recordar de mi plática con ustedes, sea esto. He llegado a la conclusión de que, para obtener el éxito real, tengo que poner a Dios en primer término y de ahí todo el resto se acomodará en el lugar preciso.

Desde pequeñita sentí que Dios quería obrar en mi vida y deseaba que yo estuviera dedicada a Sus designios, al igual que lo desea para ti y para todos. Pero, al igual que muy a menudo ignoramos esa vocecita interna que llamamos nuestra conciencia, en la edad adulta ignoré a Dios por un tiempo. Quería hacer las cosas a mi manera y, pese a que sabía lo que Él quería para mi vida, lo hice a un lado.

Hace unas semanas, en la iglesia, escuché decir que no es Dios el que se aleja de nosotros, sino somos nosotros los que decidimos alejarnos de Él, cuando tomamos decisiones sin contar con Él. Pensé en eso un largo rato y es cierto, porque Dios siempre está en el mismo lugar, a la espera de que vengamos a Él como hacían los niños en la Biblia. Y lo que no comprendemos en ciertos momentos es que Él tiene un plan divino para la vida de cada uno de nosotros.

Lo curioso es que después leí el siguiente pensamiento del libro de Paulo Coelho, el cual había leído un sinnúmero de veces antes, pero en esta ocasión en realidad caí en cuenta de lo que aconseja el autor. Y es justo lo que dice la Santa Palabra, que debemos alinear nuestros deseos con los de nuestro Creador. Ésa es la mejor oración de todas.

Existen dos tipos de oración

El primero es aquel en el que se pide
que determinadas cosas sucedan,
intentando decir a Dios lo que debe hacer.
No se concede ni tiempo ni espacio para que el Creador
actúe. Dios —que sabe muy bien lo que es mejor para
cada uno— continuará actuando como le convenga.
Y el que reza queda con la sensación
de no haber sido escuchado.

El segundo tipo de rezo es aquel en que,
incluso sin comprender los caminos del Altísimo,
el hombre deja que se cumplan en su vida los designios
del Creador. Pide que se le evite el sufrimiento,
pide alegría para el buen combate, pero no se olvida
de decir a cada momento "hágase tu voluntad".

Una vez más reitero que nuestros padres son sabios y recuerdo que mi madre me decía, y aún me dice cuando deseo algo:

—Pídele a Dios lo que realmente deseas, pero siempre termina diciendo que se haga Su voluntad.

A fin de cuentas, Él es el que nos ama más que nadie y el que sabe, más aún que nuestros padres, lo que es beneficioso para cada uno de nosotros.

Mi mejor consejo es: pon toda tu fe y tu esperanza en Dios y pídele que guíe tu vida y cada paso que des. En esta vida tendremos problemas y tribulaciones, pero Jesucristo venció todo esto ¡y hasta la muerte! Recuerda que Él resucitó al tercer día después de haber sido crucificado y por eso es el personaje más conocido de la historia. Si quieren hablar de famosos, pues ¡Él es el más famoso de todos los tiempos!

Entonces, si en verdad deseas vivir una vida que cuente, que signifique algo y tenga un propósito más allá de la rutina diaria, la fe en Dios y su hijo Jesucristo es la respuesta. Te ofrezco este consejo con todo mi amor y todo mi cariño. Y mi oración para ti es que recibas todas las bendiciones de Dios, ahora y siempre.

Comunícate conmigo

Cuando comencé a escribir éste, mi primer libro, le pedí a Dios que guiara mis pensamientos y me ayudara a plasmar un lindo mensaje para mis lectores que sirviera de aliento para algunos. Espero haberlo logrado. Si alguno de ustedes se siente hoy más feliz y ha decidido seguir los designios de Dios en su vida, habré alcanzado mi cometido y me encantaría saberlo.

Si deseas comunicarte conmigo para comentar sobre mi libro, puedes hacerlo vía correo electrónico, a:

Myrka@latinwe.com

Y si deseas hacerlo por correo, envía tu carta a:

Myrka Dellanos, Triunfa y sé feliz
Latinworld Entertainment
4770 Biscayne Blvd., Suite 1100
Miami, Florida 33137, Estados Unidos

Gracias por apoyarme y leer este libro.